请给我结果3
要结果，从我做起

姜汝祥◎著

中信出版集团·CHINACITIC PRESS·北京

图书在版编目（CIP）数据

请给我结果3：要结果，从我做起 / 姜汝祥著 . —2版 . 北京：中信出版社，2015.10（2025.5重印）
ISBN 978–7–5086–5376–1

I. ①请… II. ①姜… III. ①企业管理–人事管理 IV. ① F272.92

中国版本图书馆CIP数据核字（2015）第174674号

请给我结果3：要结果，从我做起

著　　者：姜汝祥
策划推广：中信出版社（China CITIC Press）
出版发行：中信出版集团股份有限公司
　　　　　（北京市朝阳区东三环北路27号嘉铭中心　邮编　100020）
　　　　　（CITIC Publishing Group）
承 印 者：北京通州皇家印刷厂

开　　本：787mm×1092mm　1/16　印　张：8.5　字　数：120千字
版　　次：2015年10月第2版　印　次：2025年5月第24次印刷
书　　号：ISBN 978-7-5086-5376-1/F · 3443
定　　价：24.00元

版权所有 · 侵权必究
凡购本社图书，如有缺页、倒页、脱页，由发行公司负责退换。
服务热线：010-84849555　　服务传真：010-84849000
投稿邮箱：author@citicpub.com

目录 >>>

前　言　要结果，从我做起 / VII

01 新员工成功的四大基因、四大心态

■■ **快乐基因** / 7
上帝绝不会把一个解决不了的问题交给你

■■ **尊严基因** / 19
重新认识生命的尊严与价值

■■ **得失基因** / 26
关键不是对错，而是得失

■■ **交换基因** / 33
自私什么时候成了一种美德?

02 超越客户的期望

■■ **利他法则** / 41
利他就是利己

■ 投资法则 / 48
　　舍不得孩子套不着狼

■ 五星法则 / 55
　　超越期望才能创造超额回报

03　要结果，不要借口

■ 0.1 法则 / 63
　　只求一鸟在手，不求双鸟在林

■ 外包法则 / 68
　　不在乎天长地久，只在乎立即拥有

■ 底线法则 / 73
　　没有永恒的朋友，只有永恒的利益

04　对工作百分百负责任

■ 自我责任法则 / 81
　　我的地盘，我负责

■ "强者心态"法则 / 88
　　自助者天助

05　要结果，从我做起

■■ 角色法则 / 101
　　我是谁？我应该是谁？

■■ 对事法则 / 111
　　人情有价，原则无价

■■ 雇用法则 / 117
　　拿到这笔钱，打好这份工

■■ 阿甘法则 / 122
　　服从个人是奴性，服从规则是美德

前 言 >>>

要结果，从我做起

> 比尔·盖茨决战天涯海角，电脑摆放在哪里，就在哪里鲸获财富；
>
> 利兰·斯坦福决战四面八方，铁路延伸到哪里，就在哪里鲸获财富；
>
> 洛克菲勒决战天南地北，石油流淌到哪里，就在哪里鲸获财富……
>
> 不必垂涎，不必艳羡，请告诉自己：鲸获财富不是梦，要结果，从我做起。

那些仍然失业或寻找工作的人，那些仍然在工作中体会不到成就感的人，那些有点儿成就就止步不前的人，他们不愿意把自己完全投入时代并跟随时代，他们没有做到对自己负责。

任何一个时代，都存在一些似乎看起来不幸的人，他们并没有什么过失，他们似乎一出世就注定如此，他们就是无法掌握或发展一种完全对自己负责的生活方式。但另外一些人，他们即使遭受了严重的情绪和心智失调，比如双耳失聪的贝多芬谱写出无数优美的音乐，只因为他懂得完全对自己负责。

无论我们过去经历过什么，那都不重要，过去并不会改变。假如我们决定要得到我们所渴望的，并且一定要获得我们所要的，那么，请你立即行动吧！

你会因为翻开报纸发现每天都发生车祸，就不敢出门吗？你一定会回答：怎么可能？当然不会，那叫"因噎废食"。

然而，我们中是不是仍然有人在说，现在成功那么难，我都不敢谈理想了。是不是还有不少人总在幻想捷径，想找到保证百分之百成功又没有风险的办法？

要记住，看到车祸发生的时候，无论你多么痛恨那些司机酒后驾车，多么抱怨那些警察不制止违章，都不会帮助你到达目的地，只要你相信，虽然道路多艰险，但你还是那个会安全穿过马路的人，只要你对自己负责，就不必害怕过马路。

所谓成功，就是在别人看到风险的时候，你看到的是风险背后的机会。风险越大，成功的机会就越大。伸手就能够着的果子一定是酸的，否则，为什么会没人摘而轮到你摘？触手可及的财富一定会导致拥挤，最容易成功的道路反而最不容易通行。

要记住，我们要应付的问题是：如何从无数的人群中脱颖而出，如何在险峻的高山下到达顶峰，如何在竞争激烈的市场上赢得财富？商场如战场，尽力而为是无济于事的，要尽全力才能够成功。

远古时代，人们都是以狩猎为生，后来慢慢养起了家畜。水成为最大的生存条件，他们就开始问自己一个问题："如何弄到水？"于是，他们沿河流而居。

后来，又有人问了一个问题："如何让水流到这里，而不是到处去找水？"于是，人类学会了打井，学会了修水渠，从此产生了农业。

提出什么问题，就得到什么结果。我们得到的任何结果，不过是我们不同提问的结果。"问题"好比一个方程式，控制我们的行为和可能的结果。而"提问"是什么？"提问"不就是"敢想"吗？

既然我们的人生是由我们问的问题所决定的，那么，请花一点儿时间，认真回答下面这些问题吧，你的任何一个回答，都在影响着你的幸福、快乐和财富。

1. 这一生中，你的目标是最少一定要赚到多少钱？否则，就对不起自己！

2. 为了赚到这么多钱，你觉得至少应当做什么？否则，就是在自欺欺人！

3. 为了赚到这么多钱，你准备付出什么代价？否则，如何证明你真的想要？

4. 你以什么态度面对金钱？否则，为什么钱喜欢你而不喜欢别人？

5. 你觉得赚钱难还是花钱难？否则，为什么是你富而别人穷？

6. 你应当对谁心存感激？否则，为什么你总有好运而别人总是倒霉？

7. 你的理想伴侣是什么样的？否则，为什么妻（夫）好会是一半福？

8. 无论现在是几点，你准备接下来如何工作？否则，为什么是你而不是同桌的人成为老板？

9. 现在，无论你在做什么，你放弃了什么吗？否则，为什么你能够坚持而别人已经放弃？

10. 现在，无论是谁走过来，你开始微笑了吗？否则，为什么上帝给你财富而不是给别人？

01 新员工成功的四大基因、四大心态

◎快乐基因
　　上帝绝不会把一个解决不了的问题交给你
◎尊严基因
　　重新认识生命的尊严与价值
◎得失基因
　　关键不是对错，而是得失
◎交换基因
　　自私什么时候成了一种美德？

据说在瑞士的阿尔卑斯山上居住着一些人，他们与世隔绝，生活在海拔约4 000米的地方。一般这个海拔高度的土壤和水里含碘很少，所以，这里的人个个都是粗脖子。

一天，有几个登山运动员来到这个村落，村里的人立即发现他们是细脖子的人。孩子们围观并嘲笑他们，好心的人斥责道："不要歧视身体有残疾的人！"而且还为他们找来了村里的医生。一番检查后，医生对他们说："你们不幸患了碘中毒，病得不轻，要严格禁碘，必须服用低碘饮食。"

他们到底谁正常？谁不正常？

任何一个社会的进步史，其实都是一部对"正常"或"不正常"的争论史。大部分成功者，在他们的奋斗初期，都会被周围的人看成不正常。就像今天我们看待独生子女一代，也就是80后、90后一样。

我写这本书的目的，就是想澄清一个现实，80后、90后是我们未来社会的主流，是未来中国经济与社会的主角，在这一代的成功路上，有两种对待他们的方式：

一种是嘲笑他们，并充当他们的医生，告诫他们说："你们不幸患了碘中毒，病得不轻，要严格禁碘，必须服用低碘饮食。"

另一种是向他们学习，把他们的问题看成自己的问题，并为他们的成长提供支持与合作的平台，帮助他们发现并重新认识自己的价值，而不是让他们被我们这些注定要淘汰的60后、70后所同化。

同样，我写这本书的使命也很清楚：21世纪中国经济奇迹的背后，是无数的个人人生奇迹，今天的中国，比任何时候都值得我们为之拼搏，为之激动，这是一个实现"中国梦"的年代！这一代人如此阳光、健康，他们所需要的不过是时间，以及为登上历史舞台所要做的准备。

反过来，站在80后、90后这一代的角度看，这代人需要的是真正站起来，空想与扮酷只能成为历史的点缀，历史是一个实实在在的创造过程，任何一代人都需要通过创造财富来获得自己的位置，那是一场实力与智力的较量。

成功背后是文化，文化背后是心态，心态背后是投资。

每一种生存背后都是一种生存文化；每一种生存文化背后都是一种生存的心态；而每一种生存的心态背后，都是我们自己对生存意义的投资。

同样，每一种成功背后都是一种成功的文化；每一种成功的文化背后都是一种成功的心态；而每一种成功心态背后，都是我们对成功意义的投资。

成功的文化与心态，其实就是每个人的感觉体系。你的成就感在哪里，你的成就就在哪里；你的成功感在哪里，你的成功就在哪里；你的快乐感在哪里，你的快乐就在哪里。

所谓成功，所谓成就，所谓快乐，其实就是不同的人对同一件事情的不同看法。同样的事，有人看到的是痛苦，要逃避；有人看到的却是成功，要追求。

遗憾的是，任何一件事情成功的内在因素，是由客观规律决定的，不是由我们的喜好决定的。这样看来，要获得所谓的成功，所谓的成就，就要调整我们的情感系统，把我们的成就感、成功感、快乐感，都调整到成功的规律上来。

事实上，我对市场经济的研究越深，我就越相信一个道理，那就是生活中每个人的成功，可以有若干的原因，但商场上成功的道理，远比生活中简单得多、严格得多，那就是必须按照市场经济精神自由竞争（"自由"的意思就是如果你失败了，不会有人救你，因为你是"自由"的）、公平交换（"公平"的意思就是如果你失败了，不会有任何人想听你的理由，因为规则是"公平"的）。

下面就是我根据市场经济规律总结的五大感觉体系，如果你想在市场经济下获得成功，那么，就请你把你的情感体系和感觉体系，根据以下4个方面进行调整。这4个方面分别是快乐基因、尊严基因、得失基因和交换基因。当我们的身上拥有了这4项基因，并把它们变成本能，变成情感，那么，我们离成功就不远了。

快乐基因

■ 上帝绝不会把一个解决不了的问题交给你

百分百责任：

"快乐基因"是成功的秘诀

所谓"百分百责任"，就是要以一种快乐的心态面对问题与困难。

上帝说：我已经给你一桶水和一袋水泥，你可以用它们做成向上攀登的台阶，也可以做成一块绊脚石。成功者选择的是什么？

美国伟大的人权领袖马丁·路德·金说："即使我知道明天世界就要毁灭，我还会种下我的苹果树！"

英国前首相丘吉尔说："我是一个乐观主义者，可怕的并不是错误，可怕的是对于错误的恐惧与畏惧。没有什么能够阻碍生命的成长。"

美国前总统罗斯福说:"实现明天目标的唯一限制,就是对今天的疑惑!"

为什么无数的人都拥有卓越的智慧,却只有少数人能获得成功?

成功者往往选择一种乐观的生活态度,在困难面前,他们知道无法改变困难本身,但他们可以改变自己对困难的态度与行为,进而改变结果。

与此相对应的是,失败者选择的是灰色的生活态度:

即使没有什么烦恼,他们也总是不高兴。

他们把一生中的大部分时间都花在抱怨上。

他们总是开着灯找黑暗的地方。

他们总是在生活的镜子中寻找裂缝。

他们认为阳光照射只是为了投下阴影。

当听说有很多人死在床上时,他们甚至害怕在床上睡觉。

他们无法享受健康,因为他们觉得自己随时都会病倒。

他们不仅设想最坏的结果,而且往往把事情引向坏的结果。

他们记不起幸运的时候,总是想着他们的烦恼。

他们知道未来要靠超越自己、否定自己才能获得,却总是存在"为什么要冒险,也许保持现状,未来也不错"的侥幸心理。

2007年度诺贝尔生理学或医学奖得主、美国人奥利弗·史密斯和英国人马丁·埃文斯,因发现利用胚胎干细胞把特定基因改性引入实验鼠的原理，为"基因靶向"技术奠定了基础，在总结成功经验时，他明确指出，内心拥有"快乐基因"是科学家成功的秘诀之一。

"科学家应当是乐观主义者，因为大部分时间，你的那些实验都行不通。如果生来具备一种'快乐基因'，你会发现它的作用很大。"

上帝说："我绝对不会把一个解决不了的问题交给你，如果你解决不了眼前的问题，那是我在考验你：是让你上天堂，还是让你下地狱？"

为什么很多人把奋斗当成痛苦的事？那是因为你认为困难只是针对你一个人，因为你觉得这是一个不可能解决的问题。为什么偏偏是我？为什么我会碰到这样的难题？这时候，眼前的痛苦就被放大了。

有位农妇打破了一个鸡蛋，这是一件再平常不过的事，但她却想：一个鸡蛋经孵化后可变成一只小鸡，小鸡长大后成了母鸡，母鸡又可以下很多蛋……最后农妇大叫："天哪！我失去了一个养鸡场。"可以想象农妇将会怎样痛苦下去。

失去一个鸡蛋的痛苦竟被放大成失去一个养鸡场。但是，如果我们相信上帝是公平的，人生是一场马拉松，人就是为解决问题而生的。这时候，眼前的困难就成了上帝的礼物。

所以，虽然我们改变不了环境，但我们可以改变自己；我们改变不了事实，但我们可以改变态度；我们改变不了过去，但我们可以改变现在；我们不能控制他人，但我们可以掌握自己；我们不能预知明天，但我们可以把握今天；我们不能左右天气，但我们可以改变心情；我们不能选择容貌，但我们可以展现笑容；我们不能事事顺心，但我们可以事事尽心；我们不能无限延伸生命的长度，但我们可以决定生命的宽度。

这就是心存"快乐基因"者的人生态度，因为生命是属于我们自己的，我们要对自己负百分百的责任。问题其实是上帝给我们的一份礼物，解决了问题我们就会变得更加坚强。

快乐心态：

百分百责任的五大入口

第一大入口：

受益者理论

我受益，我快乐——我们需要改变的不是现实，而是要改变看待利益的角度。

我们之所以不快乐，是因为很多时候我们觉得自己受损了，而这是由我们看待利益的角度决定的。为什么小孩摔倒会哭，而大人摔倒就不哭？因为孩子摔倒之后，可以通过哭来转移责任，从而获得大人的同情；而大人之所以不哭，是因为他知道摔倒是自己的事，哭又有什么用？于事无补！

所以，摔倒并不必然导致痛苦或难受，摔倒之后是痛苦还是快乐，决定因素是我们如何看待摔倒。为什么大部分饭馆让人先吃饭后埋单？为什么销售人员总是笑脸相迎？为什么男人在追女人的时候，宁可挨骂也不愿意对方不理自己？

答案都是利益使然，让人先吃饭固然会担心有人吃霸王餐，但后埋单却会方便客户加菜，增加营业额。销售人员也是人，一样有自尊心，一样不喜欢别人的挑剔，但是一想到越挑剔的顾客就越有购买力，心态就不一样了。

乐观主义的态度从何而来？答案是：面对同样的打击，我受益，我快乐！

第二大入口：
ABC 理论

我选择，我快乐！通过改变态度受益——我们不能改变问题，但是可以改变对待问题的态度，从而改变结果。

如果我们把碰到的任何问题当成 A，我们对待这个问题的态度是 B，这个问题导致的结果是 C，通常情况下，并不是 A 必然导致 C，而是 B 导致了 C。

举个例子吧。在沙漠里迷路的两个人只剩下半壶水（A），一个人想：沙漠这么大，我只剩下半壶水，肯定要命丧沙漠了（B1）。另一个人则想：太好了，竟然还有半壶水（B2）。这样一来，前者可能绝望了，甚至轻易地放弃了（C1）；而后者却可能充满了信心，最终走出了沙漠（C2）。

从这个例子中，我们看到了什么？A 是同样的，但不同的态度（B1 与 B2 的不同）导致了不同的结果（C1 和 C2）。

相对于改变世界的困难而言，改变自己的态度并不困难。我们只要改变了自己的态度，就能够改变我们周围的世界！

乐观主义的态度从何而来？答案是：面对同样的问题，我选择，我快乐！

第三大入口：
门窗理论

我转身，我快乐——面对无法接受的苦难，改变看问题的角度，进而改变结果！

天无绝人之路！因为上帝在关上一扇门，让你感到眼前一片黑暗的时候，其实已经在你的身后为你打开了另一扇窗，转身就是明亮的窗口，窗外是明亮的阳光，梦想与阳光一起再次照进心房。

想想吧，文王拘而演《周易》；仲尼厄而作《春秋》；屈原放逐，乃赋《离骚》；左丘失明，厥有《国语》；太史公受辱乃成《史记》；杜甫流落，而有《三吏》《三别》；吴敬梓落第，方就《儒林外史》；曹雪芹困顿，始著《红楼梦》。中国历史上这些辉煌灿烂的文明成果，无一不是在因饱受磨难而感到眼前一片黑暗的时候完成的。因为他们在困难面前转身向另一条路走去，结果成就了一代伟人！

是的，记住，在生活与事业的逻辑中，请相信一个基本的道理：上帝关上了一扇门，必定会打开一扇窗。只不过这扇窗在你的身后，如果你不转身，你无论如何也看不到；而一旦你一转身，会发现窗口就在你面前。

你说：我累了，转身吧。上帝对你说：相信我，明天太阳照常升起！

你说：没有人爱我，转身吧。上帝对你说：露出笑脸吧，没有人不被你的笑容融化！你给别人多少爱，你就会收获多少爱！

你说：我不配，转身吧。上帝对你说：这个世界就是为你而生的，站起来，你当然配！

你说：我无法原谅自己，转身吧。上帝对你说：你可以不原谅罪恶，但你可以原谅自己，是人就会犯错，行动起来，你可以原谅自己！

你说：我害怕，转身吧。上帝对你说：你到底在怕什么？唯一值得恐惧的，就是恐惧本身！

你说：我常常在担忧受挫，转身吧。上帝对你说：失败是成功之母，成功有时也会孕育失败，你想成功还是失败？想成功，那就准备先尝试失败吧！

你说：我信心不足，转身吧。上帝对你说：没有人能够把你淘汰出局，除非你把自己淘汰出局。

你说：我不够聪明，转身吧。上帝对你说：敬畏规律才是真正的智慧，走捷径的人是耍小聪明。做好人是最佳的投资。

你说：我是孤单的，转身吧。上帝对你说：你一定在抱紧双肩，你一定在抱怨生活，打开怀抱吧，没有人能够拒绝张开的怀抱。

你说：我是穷苦的，转身吧。上帝对你说：可怕的不是穷苦，可怕的是为穷苦找到一个理由。没有了穷苦的理由，你就没有了穷苦。

你说：我坚持不住了，转身吧。上帝对你说：这座山你已经爬了很长时间了，当你想放弃的时候，就是你快到山顶的时候。

你说：我做不到，转身吧。上帝对你说：不是你不能，是你不想。只要你想，你就能。上帝绝对不会把一个解决不了的问题交给你。

你说：想不通，转身吧。上帝对你说：走吧，走走就想通了，如果还是想不通，就跑吧，把想不通的一切抛在身后。

乐观主义的态度从何而来？答案是：面对无法接受的苦难，我转身，我快乐！

第四大入口：
微笑理论

我行动，我快乐——面对问题，用行为引发新感受、新快乐。

生活或事业有点儿像镜子，你对它笑时，它就对你笑；你对它哭时，它也会对你哭。据说酒店大王希尔顿在发迹之前是一个穷人，母亲仅仅给他5 000美元去经营旅馆。若干年之后，希尔顿成了商界巨子，有人问他，酒店业是一个极度艰苦的服务行业，你是如何做到乐观应对的？希尔顿回答说："微笑。"

这就是希尔顿原理。希尔顿相信，我们的行动影响着我们的心态与思维方式，比如我们的仪表、举止、语气、声调和表情等，都会影响我们的心情。所以，希尔顿每次遇到挫折和不合理的事时，就会马上到卫生间或一个角落拿出镜子练习微笑。

为什么我们认为别人总在推迟我们的快乐——无限期地推迟？因为我们总在想，需要某个人出现，或者某件事发生，我们才会心情好起来，于是，哪怕一个小小的困难，也会让我们沉浸于忧愁之中。但快乐其实很简单，无论碰到什么，你都对自己喊一声"太好了，我又碰到让我进步的事了"，然后义无反顾地往前跑就行了。

然而，许多人却在悔恨过去和担忧未来之中浪费了大好时光。他们不明白，无论你提出什么意见，总会有一半的人会反对的可能性；无论你如何做人，总会有一半的人不喜欢你的可能性；无论你做什么尝试，总会有一半失败的可能性。

反对或失败永远都是正常的，不要让自己沉湎于悔恨与担忧之中，只有一种方式可以帮助你改变，那就是行动。要记住，你的一生中，可以立即行动的时刻只有一次，那就是现在。请立刻行动！从现在起，碰到问题就行动，一遍一遍直到成为习惯，成为本能。现在是我的所有，我现在就行动！

乐观主义的态度从何而来？答案是：面对同样的打击，我行动，我快乐！

第五大入口：
源泉理论

我敬畏，我快乐——改变看问题的出发点，上帝绝对不会把一个他解决不了的问题交给你。

我曾经看到过一位世界级的棒球手，对自己的成长经历这样写道："当我还是一个小男孩的时候，我就对自己说：'我能够打好这个球！'，但大多数时候，当我向空中丢球并挥棒击球的时候，都打不中，每当这样的情况发生时，我都会毫不迟疑地捡起球再往上抛一次，再对自己说一遍：'我能够打好这个球！'结果当然仍然是落空！但我仍然会高高兴兴地又丢一次球，更加集中精神，并更坚定地对自己说：'我是世界上最棒的击球手！'尽全力挥棒击球，咻！打中了！结果我打中的次数越来越多，当我站在领奖台上，记者问我成功的秘诀时，我咧嘴冲天一笑：'上帝不会把一个击不中球的孩子生到世上！'"

如果人一生下来就会打球，就会做一切你想做的事，那是什么样的人生？所以，问题与困难原来是与生俱来的。既然找到了困难或问题的源头，那就一定能够找到解决办法，你所要做的，就是像这个棒球手一样告诉自己：太好了，这一定是一个有挑战的问题，上帝绝对不会把一个解决不了的问题交给我。

有句话说得好，如果你不知道你从哪里来，就不会明白你要向哪里去。所有的问题都是世间万物变化本身所包含的，有白天就有黑夜，有春天就有冬天，有快乐就有悲伤，有成功就有失败，这是上天给予大自然与人类世界最基本的安排：任何进步都是在解决问题的过程中完成的，任何的进化都是以超越为前提的！

既然如此，那上帝怎么会把一个解决不了的问题交给你？

乐观主义的态度从何而来？答案是：面对同样的打击，我敬畏，我快乐！

尊严基因

■ 重新认识生命的尊严与价值

发现尊严的价值：

除非我自己放弃，否则没人能夺走我的尊严

曾经有一个人，他把几年的积蓄用来创业，可由于市场不景气，只好宣告破产。公司垮了之后，他大为沮丧，于是，他离家出走，到处流浪，后来，他甚至想跳湖自杀。

就在准备自杀的那个晚上，他梦见了上帝。梦中，他恳求上帝给他带来勇气和希望，可当他说完他的故事后，上帝却对他说："我已经以极大的兴趣听完了你的故事，我希望我能对你有所帮助，可听完了你的故事之后，我只能够告诉你，我帮不了你。"

这个人的脸色立刻变得苍白。他低下头，喃喃地说："这下子我完了，连上帝都帮不了我，那我只有死这一条路了。"

此时，上帝突然说道："虽然我没有办法帮你，但我可以介绍你去见一个人，他可以帮助你东山再起。"听完这几句话，流浪汉立刻跳了起来，抓住上帝的手说："求求你，请你带我去见这个人吧。"

于是，上帝把他带到一面高大的镜子面前，用手指着镜子说："我介绍的就是这个人。在这个世界上，只有这个人能够让你东山再起。除非你坐下来，彻底认识这个人，认识到这个人对于你的价值与意义，否则，你就跳到湖里去吧。因为如果你都不能够真正地尊重他，认识到他对于你的价值，那你的确就没救了。"

镜子中的人，就是流浪汉自己。

有句话说得好："上帝只帮助那些能够自救的人。"而自救从哪里开始？问题是，如果我们每个人连自己是谁都不知道，连自己身上什么最有价值都不知道，如何自救？

请记住，如果一个人不认为自己有价值，那么，他很可能就真的没有价值。现实的生活与工作中，有多少故事在一遍又一遍地证明着这一点。

在我看来，如果一个人认为自己没有价值，那他不仅是在亵渎自己的生命价值，同时也是在亵渎父母的生命价值，更是在亵渎上帝让他来到人间的价值。

想想吧，为什么我们每个人都是独一无二的？为什么上帝从来不会造出两个完全一样的人？我想，那一定是上帝在我们每个人身上都藏了一笔宝藏，只是藏的地方不一样，需要我们用毕生的勤奋与智慧去挖掘。

所以，每个人最大的价值就是我们的大脑与双手，而我们每一个人的使命，就是用大脑与双手去挖掘生命中的宝藏，就是享受这笔宝藏带给生命的快乐。从本质上讲，市场经济就是一场普通人的大脑与双手的竞赛。在这样一个舞台上，强调的是公平竞争、平等交换。每个人都可以通过发挥自己的才能来获取财富。

还有什么比这样一场竞赛更能弘扬我们的生命价值？这也是为什么市场经济能够在短短两三百年的时间里，就创造出了过去几千万年难以匹敌的财富。那么，还有什么能够抵挡个人价值的释放？有什么能够阻挡寻求财富的权力？

请重新认识自己的价值吧！一个人的价值在哪里？其实就是那些被我们忽略，却又真实地支撑我们生存的部分——我们的大脑与双手。我们有权享受大脑与双手创造的财富。只要上帝不放弃我们，我们就永远不要放弃自己。

所以，请每个人在每一个清晨醒来时，对着镜子中的自己，彻底地重新认识镜中的这个人，认识这个人对于你的价值与意义，大声地回应：

你是谁？——我是人，是一个普通家庭出生的人。

什么是普通人？——我除了自己的大脑与双手，一无所有。

你真的一无所有吗？——不，我最大的财富，就是我的大脑与双手。

为什么大脑与双手是你最大的财富？——因为我能够用大脑与双手，创造价值与财富，树立生命的尊严。

人活一张脸，树活一张皮：
尊严从何而来？

哪些人没有尊严？

成年了，依然靠父母的工资养活的人，是没有尊严的。大学毕业了，找不到工作靠政府救济的人，是没有尊严的。工作了，为公司提供的价值低于自己工资的人，是没有尊严的。结婚了，没有能力让孩子上学、让家人有房住的人，是没有尊严的。

俗话说得好：人活一张脸，树活一张皮。脸皮就是尊严，脸皮就是做一件事情的底线。成年人的底线是自立，大学毕业生的底线是就业，工作的底线是不让公司亏本，家庭的底线是养育子女。达不到底线，就没有尊严。

这样看来，所谓尊严，就是社会对一个人生存资格的最基本要求。这就是尊严的生存原则。在农村，随地吐痰也许很正常，但在城市，这就是一种没有尊严的行为。道理很简单，在城市生活最基本的要求就是懂得讲卫生。

同样的道理，在家里，父母给钱也许很正常，但在公司，如果不向公司提供相应的绩效，伸手去拿工资就是一种没有尊严的行为。道理也很简单，在公司生存的最基本的资格就是提供约定的绩效。所以在商业社会，尊严是靠绩效来支撑的。

要让一个城市拥有洁净的环境，光靠罚款是解决不了问题的，唯一的解决办法是让所有在城市里的人，懂得不随地吐痰，懂得讲卫生是一种尊严。同样，一个公司要想获得业绩突破，光靠制度也是解决不了问题的，唯一的解决办法是让所有的员工，懂得为企业提供结果，懂得赚钱是一种尊严。

个人尊严才是支撑城市文明、支撑公司业绩的根本，罚款与制度只是外向的约束。

在这个意义上，重塑个人尊严是一切成功的前提。想要获得更高的成就，就要先建立更强烈的尊严感。而那些没有成就的人，大多是尊严感不足的人。按照这种逻辑，我们很容易把人分为三类：

第一种是"要求自我"型，这一类是拥有高自尊的人，他们往往会给自己设下更高的结果要求，为了实现目标，他们严格要求自己，他们的核心价值观是：没有实现结果，就没有尊严。追求目标，是为尊严而战。

第二种是"被人要求"型，这一类是自尊较弱的人。他们只有在别人强迫的情况下，才不得已去实现结果，按别人设定的标准行动，他们所有的行动都要求有人在背后驱赶。没有人驱赶，他们就无法实现目标。一旦目标没有实现，他们会找各种理由原谅自己，最简单的一个理由就是，你为什么没有强行要求我这样做？

第三种是"要求自己，也要求他人"型，大部分人都属于这一类，他们给自己设立标准，也给别人设立标准，他们行动的时候，不仅要求自己按自己的标准行动，而且要求别人按他们的标准行动，一旦别人不这样行动，他们就原谅自己，因为没有别人的配合，他们是无法实现自己的目标的。

这三种人的差别最明显的体现就是对时间价值的看法不同。人生是有限的，自我价值实际上就是时间价值——时间就是金钱，时间就是价值，时间就是生命，这就是典型的拥有高自尊的人的语言。因为他们非常清楚自我价值，他们会把时间与结果当成最大的价值。对于他们来说，做什么，与谁一起做，做得如何，对未来有什么影响，这些问题都涉及时间的价值，没有价值的事，他们是不会做的。就像著名的吉尼斯世界纪录大全认可的世界最成功的推销员乔·吉拉德说的那样：

"我的汽车销售纪录进了《吉尼斯世界纪录大全》,我曾经观察过那些成功人士,发现他们都懂得自律。你曾经拈花惹草吗?你经常去打高尔夫球吗?你吃饭的时间超过两个半小时吗?我从不跟同事一起吃饭。如果我不想把车卖给你,我根本不想跟你吃饭。我会跟银行家吃饭,因为他会给我更多的贷款;我会跟我的汽车服务商吃饭,因为他会给我的客户提供更好的服务。"

反过来,被别人驱动的人对自己的价值认识不足,对于他们而言,时间的价值是很低的,结果是模糊的,只有当别人要求他、驱动他的时候,时间才有价值,才会有结果。一旦失去了别人的驱动,失去了环境的要求,他就不知道时间有什么价值了,也就不知道自己有什么价值,更不知道如何去获得自己想要的结果。所以,他们会随意地对待时间、怀疑结果。

一句话,想要改变自己的命运吗?那请你先改变自己的自尊标准。

▌得失基因

■关键不是对错,而是得失

得失决定态度:

得失不仅是一种商业规则,更是一种生活态度

假如你很着急去卫生间,你知道有两个卫生间,一个距离你很近,但你觉得脏,另一个有5分钟的路程,但比较干净,你选择哪一个?

(A)去身边那个看上去有些脏的卫生间。

(B)宁可走5分钟,也要去比较干净的卫生间。

选择比较脏的卫生间,可以马上解决问题;选择一个干净的卫生间,但要花5分钟才能到达。是选择脏的卫生间还是干净的卫生间?其实选择无所谓对错。

但对于市场经济环境下的社会就不一样了，现代社会本质上是一个商业社会，商业社会的伦理是盈利或者亏损，也就是我们所说的"得失"。盈利谓之"得"，亏损谓之"失"。所以，选择卫生间也许有无数个标准，但考虑到我们生存在一个商业社会中，那么，标准只会趋向一个，那就是"得失"。

我们换个例子就会看得更明白：有两个顾客，一位顾客是很友好地与你交流是不是要买，但不买的可能性很大；另一位顾客的态度很恶劣，但马上就要买，请问，如果可以选择的话，你会选择哪位顾客？

同样，你有两个朋友，一个是公司高管，但对你比较冷漠；另一个人是业绩很差的同事，但对你很热情。你是愿意多与冷漠的公司高管在一起，还是愿意与业绩很差的同事在一起？

在生活中，我们有无数个标准，你喜欢什么标准，你就怎么做。但商业社会只有一个标准，那就是"得失"。你可以选择那个态度好的顾客，但商业的真相是，态度很好的顾客通常在决定购买的时候，容易反复不定。道理很简单，他对你很好，他并不欠你的。态度不好但决定要买的顾客，通常不会变，道理也很简单，态度不好只有一个理由，那就是他/她要付钱给你。

多么简单的得失观。

同样，你可以选择那个热情而业绩差的同事，但他与你交流的内容是什么？人都有两面性，你有"狼性"的一面，也有"羊性"的一面。热情而业绩差的同事与你待的时间越长，你的"羊性"的一面越多。相对应的，冷漠的公司高管与你交流什么？交流更多的一定是做管理者的心得，而这样的心得一定是理性而冷漠的，他的冷漠只有一个原因，那就是他是高管，高管的交往方式是君子之交，自然淡如水。

所谓"成功"、"成就"、"快乐"、"喜欢"，其实就是不同的人对同一件事的不同看法。

我们可以谈"什么是对，什么是错"，也可以谈"什么是好，什么是坏"，但市场经济的成功逻辑却是"得与失"：关键不是对与错，也不是好与坏，关键是"对的时候"、"好的时候"，我们获得什么；"错的时候"、"坏的时候"，我们失去什么。没有得失，就无所谓对错，也无所谓好坏。

你是谁？你应当是谁？你在做什么？你应当做什么？在这里，成功的要素不是"你是谁"，而是"你应当是谁"，成功的要素也不再是"你在做什么"，而是"你应当做什么"。

同样，你快乐吗？你应当快乐吗？你喜欢吗？你应当喜欢吗？在这里，成功的要素不是"你快乐吗"，而是"你应当快乐吗"，成功的要素也不再是"你喜欢吗"，而是"你应当喜欢吗"。

成功的思维是从得失出发：

成功的人因为利益而谦卑地活着，不成功的人因为理由而骄傲地死去！

我们还是有很多人，宁愿按自己的感觉体系行动，他们宁愿走5分钟，去找那个传说中的干净的卫生间，也不愿意立即去这个脏的卫生间！他们宁愿与那位态度好的顾客交流，不成交也接受，却不愿意与那位态度恶劣、正在付钱的顾客交流。他们宁愿与那些业绩差的同事交流，去倾听那些对自己热情与赞扬，也不愿意面对高管冷漠而理性的分析。

"愿意"是一个人自由意志的表现，也是一个人的权利，没有人干涉你做自己愿意做的事。与此同时，忍受客户的态度从而赚到钱，那是一个人的权利，但也不会有人强迫你忍受你不愿意做的事。

成功之人与不成功之人的差别就在这里，在一个自由竞争、公平交换的市场经济环境里，为了利益而谦卑地活着，还是为了理由而骄傲地死去？这不是对错问题，这是得失问题。

成功的思维是考虑得失而不是对错。我们要问的不是哪一个是对的，而要问当选择"干净"的卫生间的时候，能获得什么？当我们说宁愿花更多时间去用干净的卫生间时，以得失观来看，我们实际上是在说：为了得到同样的结果（用卫生间），我们要选择那些让自己感觉舒服的结果，为此宁可多付成本。

这样的人在用人的时候，对别人的要求会比较高。为了达到同样的结果，他会用那些他喜欢的人，因为这样他会感觉安全，感觉舒服。

反过来看，用脏卫生间的人在用人的时候，对人的要求会比较低。为了达到同样的结果，他不仅会用那些他喜欢的，还会用那些他不喜欢的人。因为他追求的是结果，所以他甚至会去忍受不安全与不舒服的感觉。

这样我们就会清楚地懂得，所谓的脏卫生间或干净卫生间只是一个比喻而已，"脏"意味着"缺陷"，"干净"则意味着"完美"。

比如，你与客户接触时，会碰到对你粗暴的客户吧？你在一家公司工作，会碰到不满意的上司吧？那些选择上脏卫生间的人说，我要得到结果，要赚钱，所以我可以容忍客户带给我的不舒服；而选择干净卫生间的人，大多会选择不去赚这个客户的钱，宁愿再等5分钟去赚别人的钱，尽管后面可能没有客户，或者来的仍然是一个你不喜欢的客户。

同样，那些喜欢干净卫生间的人，进一家公司之前，内心首先希望碰到的是一个自己喜欢的老板。那些无法容忍上司的人，大多也会选择离开不喜欢的公司，尽管在下一家公司碰到的上司可能更差；或者碰到了一个好上司，但这家公司却经营不善。

在大前提（市场经济体制）正确的时候，请以得失论对错。在市场经济下，还有什么比合法赚钱更正确的？

像巴菲特一样行动：

绝不要亏损，绝不，绝不！

有人问在股票市场上纵横驰骋数十年的"股神"巴菲特，作为一个投资人，最重要的原则是什么？

巴菲特的回答是：

"第一条：绝不要亏损。"

"第二条：如果碰到问题的时候，绝对不要忘记第一条。"

有一次我看《动物世界》，上面讲到大自然中所有动物最基本的生存原则是：每一次攻击不一定成功，但每一次防守却必须成功。因为做不到这一点，你就要付出生命的代价。

所以，绝不要亏损。这是市场经济最基本的生存原则，做不到这一点，就要被市场淘汰。巴菲特这样说过："股市与上帝一样会帮助那些帮助自己的人，但股市与上帝不同的是，他不会原谅那些不知道自己在做什么的人。"

遗憾的是，我们有多少人懂得这一点？比如在地铁，你坐在那里，不给身边的老人让座，这似乎是占了便宜，但你知道自己在做什么吗？你知道自己生存的最基本底线是什么吗？让座到底是盈还是亏，是得还是失？

当然你也许会说，怕什么？我的老板又不在身边，他又看不见，我不让座又不会影响到我的职业生涯。

是，不让座时，老板正好在身边看见，这样的情况是不太可能发生的，但如果老板在你身边，你就给老人让座，而老板不在你身边，你就不给老人让座，这说明你让座与不让座不是你的原则——这恰恰就是致命的地方：老板在时工作一个样儿，老板不在时工作另一个样儿。

这样下来，你的一生是"亏损"，还是"盈利"？一个靠外人监督才会自觉的人，一生会有多大的成就？

在地铁上不给身边的老人让座，是赚还是亏？这种行为当然是一种亏损的做法。你让座，失去的不过是身体的舒适，而收获的却是一种做事的原则——只要这件事值得做，那么无论有没有人监督都要做。

而按这样的原则做下去，你一生会收获多少财富？为什么有人会耍小聪明，老板在与不在时的工作状态不一样？道理很简单，他们违反了巴菲特的第二条原则："绝对不要忘记第一条原则"。

交换基因

■ 自私什么时候成了一种美德？

富人原理：

想占便宜吗？先让别人占便宜

我记得小时候读过一个故事。

故事讲的是，相传，古印度的一个国王打算重赏国际象棋的发明者——宰相达依尔，他对宰相说："官不能再封了，你已做到顶了，若要再封，恐怕只有我让位了。现在重赏你财物，你要些什么？"

这位宰相跪在国王面前说："陛下，请您在这张棋盘的第 1 个小格内，赏给我 1 粒麦子；在第 2 个小格内给 2 粒，第三格内给 4 粒，照这样下去，每一个小格都比前一个小格加一倍。陛下啊，把摆满棋盘的 64 格里的麦粒，都赏给您的仆人吧！"

国王慷慨地答应了宰相的要求，他下令将一袋麦子拿到宝座前。

数麦粒的工作开始了。第1格内放1粒，第2格内放2粒，第3格内放4粒……还没到第20格，袋子已经空了。一袋又一袋的麦子被扛到国王面前，但是，麦粒数一格接一格地增长得那么迅速，很快就可以看出，即使拿来全印度的小麦，国王也无法兑现他对宰相许下的诺言。

这位聪明的宰相到底要了多少麦粒呢？

大家都知道，这样的增长方式叫"几何级数增长"。几何级数增长的特点是开始时的数字不算大，但到了后面，就会大得吓人。比如，麦子堆到第3格的时候不过4粒，到第5格的时候，不过32粒，但到了64格的时候，却大到让你难以想象，那到底是多少？

这样说吧，到了64格的时候，直接写出数字是140万亿升。如果造一个宽4米、高4米的粮仓来储存这些粮食，那么这个粮仓就要长3亿公里，可以绕地球赤道7 500圈。

市场机制就是这样一种增长机制，每个麦粒的名字叫"个人利益"，或者通俗点儿说，叫"自私"。每个格的名字叫"交换"。亚当·斯密更通俗地把这种格子叫"看不见的手"。人与人之间通过货币交换自己想要的东西，一个人传两个人，两个人传4个人，4个人传8个人，8个人传16个人，这种增长就是几何级数增长，每一个人的利益像麦子，摆到"交换"这样一个格子中，就会出现天文数字的增长。

"个人利益"或"自私"在一个封闭的环境，就像所有的麦粒只在一个格子中，是一种恶习，因为一个人要想进来，就意味着另一个人必须出去。在没有交换的环境下，任何谋求自我利益的行为，都会伤害到其他人。

但有了很多格子，交换情况就不一样了，在存在交换的情况下，一个人想得到别人的东西，就得到另一个格子中，用自己的东西去交换。自私在一个封闭的交换环境中，是一种恶习，而在开放的交换环境中，则是一种美德。这种美德体现为一种伟大的客户价值精神：我们想要别人的东西，那么首要的就是去理解别人，看看别人需要什么。你必须提供别人想要的，才能够从别人那儿交换你想要的。

价值是由交换实现的，为交换而生产是市场经济的规则。交换的背后是客户，只有客户获取了价值，你的工作才有价值。这就是伟大的市场经济精神。在这里，交换不仅是获得财富的方式，而且是一种生存的心态。

你想要获得你想要的吗？那你就提供别人想要的。

想占便宜吗？先让别人占便宜。

你想快乐吗？先让别人快乐。

想获得自尊吗？先让别人有自尊。

想要被跟从吗？那就先服务与牺牲。

穷人原理：

勤奋的人为什么不一定富有？

一个商业社会的逻辑，其实也是一个团队成立的逻辑。组织在本质上就是互惠互利的，一个人要想成为组织领导者，就必须懂得这种组织原理，否则就是不懂领导之道——欲取之，先予之。比如就公司而言，公司与员工之间本质上就是互惠互利的关系，公司用什么与员工交换？是工资或报酬。那么，员工又用什么与公司交换？对，是绩效。

从交换的意义上讲，"绩效"不仅是员工对自我价值的衡量，也是公司对员工服从制度的投资。

也就是说，员工的承诺与遵从是一件代价很高的行为，在我们没有提供员工想要的结果之前，我们是不能用权力得到员工的服从的。由此，我们也就发现了一个成功领导者最重要的特质：在管理公司的时候，如果不把员工的"自利"与"自私"放在首位，不关心员工的利益，员工又为什么要关心你的利益？

如果这个结论成立的话。（当然，这个结论一定是成立的。）那么，我们突然发现在管理公司的时候，容易犯一个错误——就是不懂得去经营员工的利益，导致员工没有动力。这是因为我们不懂得一个人真正的利益，是需要通过交换来获得的。帮助员工懂得这一点，就是在帮助他们把自己的利益通过交换转化为共同的利益。

这就是市场经济下的"穷人原理"：你之所以穷，并不是你不够勤奋，而是因为你很大程度上不为结果勤奋，不为他人的利益勤奋。在市场经济下，利益从何而来？不是从自己的勤奋而来，而是从客户的认可上来。因为劳动价值是客户决定的，为客户着想的人，是获利最多的人。

穷人与富人的产生都源于一个简单的逻辑：交换。交换背后的心态其实是一种双赢心态。既不是你赢我输，也不是我输你赢，而是双赢。这显然是以客户价值为前提的一种心态。所以，在4个基因中，客户价值应当是最核心的基因，利他就是利己，没有一个人因此受损失，多方共赢。这是市场经济下，任何一个成功者都必须拥有的基因。

02　超越客户的期望

◎利他法则
　利他就是利己
◎投资法则
　舍不得孩子套不着狼
◎五星法则
　超越期望才能创造超额回报

利他法则

利他就是利己

在通往财富的道路上,最大的一个谬论可能就是认为:财富就是一块饼,如果一方多得了,就必须牺牲另一方。

实际上,在市场经济的竞技场上,这却是一个天大的误区。当你愿意为对方考虑,让对方受益的时候,你要相信对方也会为你考虑,也会让你受益,否则,这个交易就不可能完成。

规范的市场经济是一个竞技场,比赛的目标是自己赢,然而过程比的却是如何让别人赢——你让别人赢得越多,愿意与你交易的人就越多,你获得的就越多。

利他就是利己,人们各自谋求自身利益的过程能使每一个人获益。这个奇妙的机制就叫"市场经济"。要想利己,首先利他,利他就是利己,这就是市场经济下最基本的成功逻辑。

一个井然有序的组织与秩序,居然可以是无意识产生的结果——利他,然后利己,进而产生组织与秩序,这多么奇妙。

情感：

喜欢利他，反感损人不利己

我喜欢对人微笑——我微笑，体现我对生命最高的尊重，不管是我的生命，还是他人的生命。

我喜欢遇事负责——我负责，并不意味着我完全错误，我喜欢的是一种感觉，一种我完全承担责任之后，看着对方突然改变态度的感觉。

是的，这就是"利他就是利己"带来的奇妙感觉。你一定要相信这种感觉，珍惜这种感觉，以赞赏的眼光去看它，经常看，最好写下来。当你集中精力让自己体会和品味这种感觉时，你将在心里树立起强大的信心：你将充满勇气，坚信公平回报；你将充满勇气，坚信先投资、后收获。这种心态，是伟大的成功者必备的心态。

无论什么时候，你都要对指责你的人微笑，碰到事情的时候先想自己的责任，如果你做到了，那就把它写下来，然后毫不犹豫地夸奖自己，酬谢自己！

行动：

逢人就笑，遇事负责

案例1：校园领袖山姆·沃尔顿

很多人都以为沃尔顿是一夜暴富，但山姆·沃尔顿从学生时代就知道让别人快乐会让自己受益。山姆·沃尔顿曾说过："我很早就懂得要成为一名校园领袖的秘诀之一就是，要先向对面走来的路人打招呼……我总是直视前方并朝每一位向我走来的人打招呼。"

"如果我认识他们，我会叫出他们的名字；即使我不认识他们，我仍然会与他们说话。不久，我就成了学校里认识同学最多的人了。他们认识了我并视我为他们的朋友。我积极参与竞选每个社团的领导职位。"明白了这一点，也就明白了为什么沃尔顿可以建立世界500强之一的企业沃尔玛了。如果沃尔顿还在世，那么他有可能会成为世界首富。

案例2：喝过马桶水的日本政法家

野田圣子出身名门，37岁就当上了日本内阁邮政大臣。她的第一份工作是在帝国酒店当白领丽人。不过，在受训期间，圣子竟然被安排清洁厕所，每天都要把马桶擦得光洁如新才算合格。可想而知，在这段日子里，圣子的感觉是多么的糟糕。当她第一天碰到马桶的一刹那，她几乎想吐。

很快，圣子就开始讨厌这份工作，干起工作来马马虎虎。但有一天，一位与圣子一起工作的前辈，在擦完马桶后，居然伸手盛了满满的一大杯冲厕水，然后当着她的面一饮而尽。在前辈的眼中，圣子对工作根本没有负责到底，光洁如新只是工作的最低标准，她以此向圣子证明，经她清洁过的马桶，干净得连里面的水都可以直接饮用。

前辈这一出人意料的举动，使圣子大吃一惊。她发现自己在工作态度方面出了问题，她根本没有负起任何责任，于是，她对自己说："就算这一辈子都在洗厕所，也要当个最出色的洗厕工人。"训练结束的那一天，圣子在擦完马桶后，毅然盛了满满的一大杯冲厕水，并喝了下去。这次经历，让野田圣子知道了什么是工作的最高准则，那就是负责到底。

案例3：平庸的医生，生命的代价

有两名病症相同的邮局工人去不同的医院看病。

其中一人告诉医生，他感觉疼痛和恶心，认为自己感染了炭疽热，因为最近在邮局发现了这种疾病。医生马上打电话给相关的公共卫生部门，得到的回答是，炭疽热并没有什么危险，没有必要开抗生素的处方。于是，医生开了止痛药泰诺后便让他回家了。几天后，这位病人死于炭疽热。

另一位邮局工人去了仅相隔几米的另一家医院，并且进了急诊室。他的医生并不知道另一位邮局工人的情况，经过诊断，他认为病人感染了肺炎。但是，这位邮局工人告诉医生他工作的邮局正受到炭疽热的威胁。于是，医生又对他进行了另一项检查，虽然她并不认为自己的病人感染了炭疽热。但是，她还是给这位邮局工人开了专门治疗炭疽热的抗感染药。医生并没有把她的病人送回家，而是将他安置在医院里，让传染病专业医师进行诊断。检查结果出来了，这位工人确实感染了炭疽热。

一般医生的做法是打一个电话，给病人开一盒药，让病人离开。多么简单，多么省心省事，遗憾的是病人死了；成功的医生呢？耐心地听病人解释病情，进行更多的检查，要求病人住院，并进行多次诊断。麻不麻烦？费不费心？难不难受？如果是你，你愿意做吗？这就是没有责任心和有责任心的差别。

思维方式：

利他就是利己

案例1：默克的利润法则——旨在救人，利润随之而来

一个药业公司当然要利润，但是，利润是通过给他人便利，通过救人而来的。世界闻名的默克药业的创始人乔治·默克二世就曾这样说过："我们要始终牢记：药品旨在救人，不在求利，但利润会随之而来。如果我们记住这一点，就绝对不会没有利润；我们记得越清楚，利润就越大。"

案例2：如果沃尔玛变成杂货铺

我们都已经习惯了沃尔玛那样的购物环境，试着想一想另外几种情况。如果你在沃尔玛购物，一位服务员走过来对你说："您好，这件衣服售价200元。"你会觉得舒服吗？

如果你拿起一件商品，一位服务员对你说："您好，看完之后，请您放回原处，不要损伤。"你不耐烦地刚走开一会儿，又有一个服务员过来对你说："您好，您购物筐里的东西共计500元。"我想这时你一定不高兴了，可能什么都不买就走开了。

沃尔玛不是这样做的。沃尔玛为顾客提供了舒心便捷的购物环境和优质的服务，你可以随心所欲地挑选你需要的物品。这样的安排，为顾客创造了愉悦的购物体验，同时也为沃尔玛自己创造了最大的销售额。

案例3：无处不在的可口可乐

我想你一定有过这样的经历，穿梭在大街小巷时，时不时就会有可口可乐的店牌跳入视线，难道现在可口可乐也搞"多元化"了，开起了小餐馆、小商店？

当然不会了，那是可口可乐免费帮助小店制作的店牌，有时甚至还会送上冰柜。这样看来，那些小店可是捡了大便宜。但反过来思考一下，可口可乐给了这些小店好处，那些无处不在的小店就成了可口可乐廉价的宣传渠道。

投资法则

舍不得孩子套不着狼

你会因为翻开报纸发现每天都发生车祸,就不敢出门吗?你一定会回答:怎么可能?然而,有多少人正在寻找既要成功,而又没有风险的办法?

成功者与失败者最大的差别之一,就是看问题的角度大不一样:失败者大多是悲观主义者,他们总是开着灯找黑暗的地方;失败者相信阳光照射只是为了投下阴影,不仅设想最坏的结果,而且往往把事情引向坏的结果。

成功者知道未来是靠超越自己、否定自己才能获得。

所谓成功,就是在别人看到风险的时候,你看到的是风险背后的机会。风险越大,成功的机会也就越大。伸手就能够着的果子一定是酸的,否则,为什么会没人摘而轮到你摘?触手可及的财富一定会导致拥挤,最容易成功的道路反而最不容易通行。

要记住,我们所应付的问题是:如何从无数的人群中脱颖而出,如何在险峻的高山下到达顶峰,如何在竞争激烈的市场中赢得财富?

会花钱的人才会赚钱，要把钱花到可以赚钱的地方，那要比赚钱难很多。

但你有选择吗？没有，赚钱永远都是由投资实现的，投资永远都是在花钱。所以，你要告诉自己，我一定要打造出一种优秀的品质，那就是集中精力于如何花钱。从别人眼里的风险中看到机会，从别人的恐惧中看到安宁，从别人的抱怨中看到勇气，从别人的世界中看到自己的世界。

情感：

喜欢投资，反感坐享其成

案例1：白日做梦的星巴克创始人

星巴克创始人、董事长霍华德·舒尔茨曾说过："那些在可怜巴巴的夜梦中退闭心智的人，醒来时会发现一切都是虚空；而白日做梦的人，则是在面对风险的挑战，因为他们睁着眼睛实践梦想，使之变为可能。"

案例 2：狂野的梦想

成功学培训家鲍勃·普罗克特说："人生之路我们只能走一回，是踮着脚尖小心翼翼地走，希望在自己走入天国之前不会跌个满身伤痕；还是一生不断奋斗，达到自己的目标，实现自己最狂野的梦想？"

行动：

认准就做，先做再说

案例 1：不还价的巴菲特

巴菲特拥有的财富仅次于比尔·盖茨，位居世界第二，被称为"股神"。他的投资风格是：一旦调查确认一项投资，就立即付诸行动。

在内布拉斯加有一家家具公司被巴菲特看中，巴菲特就到店里问店主愿不愿意把家具公司卖给他，店主当即开价 6 000 万美元。巴菲特没有还价，径直回到办公室开了一张 6 000 万美元的支票给那位店主。事后，清点存货时，发现公司价值 8 560 万美元。

案例 2：一秒钟的决断

1974 年，水门事件正威胁着尼克松的美国总统宝座。有一次，当索罗斯正在打网球的时候，他的电话响了。电话是东京的一位证券经纪人打来的，他告诉索罗斯，水门事件正让日本市场紧张不安。索罗斯有价值数百万美元的日本股票，他必须决定怎么做。他丝毫没有犹豫，不到一秒钟，他向他的经纪人下达了全部清仓的指令。

案例 3：即刻握手成交

1988 年圣诞节那一天，巴菲特去波仙珠宝店购物。愉悦的购物体验深深地吸引了这位世界级富豪。

圣诞节一过，巴菲特打电话询问是否可以购买波仙珠宝店。很快，巴菲特在波仙珠宝店总裁艾克·弗里德曼的住宅与弗里德曼和耶鲁进行了简短的会议之后，买下了波仙珠宝店。

"实质性的谈话只有 10 分钟，"耶鲁说，"巴菲特问了我们 5 个问题，艾克报了一个价格。后来，我们三人在巴菲特的办公室会面，艾克和沃伦握手成交。

案例 4："迪士尼蠢行"

沃尔特·迪士尼在 1934 年决定做一件电影业前所未有的事情：创造一部动画电影长片。大多数电影从业人士开始冷嘲热讽，把这件事称作"迪士尼蠢行",毕竟,有谁愿意看动画电影长片呢?但是,迪士尼仍投入了公司的大部分资源。这部动画电影长片就是这么多年来仍然长盛不衰的《白雪公主》。

在经过 20 年出品了一连串动画电影长片,包括《木偶奇遇记》、《幻想曲》和《小鹿斑比》之后,迪士尼又做出另一个冒险的决定——建造一个非常新颖的娱乐园区。同行立即评论,这只是另一件"迪士尼蠢行"。这个古怪的构想,成就了后来闻名于世的迪士尼乐园。

思维方式:

舍不得孩子套不着狼

案例 1:IBM 的豪赌

20 世纪 60 年代初期,国际商用机器公司(IBM)胆大包天地投资开发一种叫作"360 系列"的大型电脑。这是当时全世界非政府机构前所未有的商业投资计划,需要的财力比美国制造第一颗原子弹的"曼哈顿计划"还多。是不是让你惊心?

2002 年,半导体业处在 10 年来最不景气的时候,但 IBM 不畏风险,在芯片业上投入30亿美元巨资,在纽约东菲什基尔建立了一家顶级工厂。这次投入冲破了IBM所能承担的风险底线。是不是让人动魄?

这些让人惊心动魄的投资,奠定了IBM成为"蓝色巨人"的历史地位。

案例2：赚钱容易花钱难

俗话讲,3岁的小孩能买酱油,30岁的成年人却未必能买酱油。在这方面,吉利公司的李书福有着切身的体会：

> 以前我认为赚钱要比用钱难,而现在我觉得这个认识是错误的。吉利投资一仔羊餐饮管理连锁公司,一仔羊几个月就关门大吉,是因为我的投资失误;《浙江日报》上刊登了吉利汽车的大广告,我一看,广告难看极了,完全是用钱砸品牌,花钱告诉读者吉利汽车很粗糙、很丑陋。这是因为我们的广告人没有把钱用好。类似于这样的事情,经常发生在我们的身边。
>
> 以前我总觉得赚钱不容易,花钱还不容易吗?如果我没有记错的话,在我刚刚参加工作的时候曾经看过一本书,这本书的书名及详细内容我已记不清楚了,但其中有一句"赚钱容易用钱难"的警句,始终没有忘记。当初我百思不得其解,怎么会赚钱

容易用钱难呢？大家都说赚钱不容易，花钱如流水，难道有钱还花不出去吗？我一直带着这个问题思考到现在。

在市场经济条件下，两个不同的人使用同样的资金去做不同或相同的事情，其效益与效果一定是不一样的。无论是大投资家，还是小投资者；无论是批量采购设备、零件，还是街头路边买米买菜，不同的人去做同样的事，其结果一定是不一样的。

五星法则

超越期望才能创造超额回报

有无数的宾馆都拥有五星级的硬件，但如果没有一流的服务，就不可能成为五星级宾馆。

有无数的公司都拥有强大的产品，但如果没有一流的员工，就不可能成为一流公司。

有无数的人都拥有高学历，但如果没有一流的心态，就不可能成为一流高手。

硬件是底线，是生存的基础，而软件是血液，是让我们拥有灵性的支撑。没有人会被你的产品感动，人们只会被你的精神感动；没有人会被你的才华感动，人们只会被你的心感动。

硬件是看得见的，学历也是看得见的，如果一个东西是看得见的，那么它一定就有一个明确的价格，人们不但不会多给，还会与你讲价少给。因为他们不相信你，因为他们害怕自己吃亏。

但软件是看不见的，心态也是看不见的，如果一个东西是看不见的，那么它一定无法标出一个明确的价码，人们只会根据自己感觉到的价值付出。你给得越多，人们回报的就越多；你超越了别人的期望，别人就会给你超额的回报。因为人们相信你，人们相信跟你做事不会吃亏。他们要用更多的回报来鼓励你的这种行为。

当我们用五星级的服务去超越客户期望，在利他的同时，也获得了最大的利己：以价值的名义催促自己行动，以责任的名义要求自己进步，以成长的名义强迫自己改变，用结果的名义驱使自己奋斗。

更重要的是，用直面原则的心态，我们获得了内心的强大。

情感：

喜欢客户欠我，反感我欠客户

案例：绝不对客户说"不"

有位年轻人到奔驰公司买轿车，看完陈列厅里的100多辆展示车后，竟没有看中一款车。这位年轻人表示想要一辆灰底黑边的车。销售员告诉他，本公司没有这种车。

销售部主任得知情况后十分生气，设法找到了那个年轻人，告诉他两天后来取车。两天后，年轻人看到了他想要的灰底黑边车，但还是不满意,说这车不是他要的规格。销售部主任耐心地问:"先生要什么规格的,我们一定满足您的要求。"

三天后,年轻人高兴地看到他想要的规格、型号、式样的车。可是他试驾了一圈后,对销售部主任说:"要是能给汽车安装个收音机就好了。"当时,汽车收音机刚刚问世,大多数人认为汽车安装收音机容易导致交通事故,但销售部主任犹豫了片刻仍对年轻人说:"先生,下午来可以吗?"

挑剔的年轻人终于从奔驰公司买走了他中意的车。

行动:

快乐生财,尊重致富

案例:"3米微笑"原则

沃尔玛要求员工要遵守"3米微笑"原则,尽量直呼顾客名字,微笑时要露出牙齿,同时只能露出8颗牙。在一个圣诞节的晚上,山姆·沃尔顿曾把所有员工召集在一起,发表了一个具有历史性意义的讲话:

我希望你们跟着我宣誓,我要你们承诺,无论何时,当你们与顾客的距离在 3 米之内时,你必须看着他的眼睛,问候他并询问:"你需要什么?"

我想世界上任何商店都做不到我向你们提出的建议,这其实很简单,也并不花费什么,但我相信它能够创造奇迹,对我们的顾客绝对是一种奇迹,而且我们的销售额会直线上升。我知道你们中有人是天生害羞,有人是因为不愿意打扰他人。但如果你们照我的话去做,我肯定它一定能够帮助你成为一个领导者。因为这样做会让你的人格得到健全,会让你变得外向,会在未来让你成为商店经理、部门经理或者地区经理,甚至是任何你想要的职位。这会给你带来奇迹,我保证。

思维方式:

像对待爱人一样对待客户

案例 1:从米店开始的成功

王永庆的米店刚开业,营业上就碰到了困难。原来,城里的居民都有自己熟识的米店,而那些米店也总是紧紧地拴住这些老主顾。王永庆的米店一天到晚冷冷清清,没有人上门。

16岁的王永庆只好一家家地走访附近的居民,好不容易才说动一些住户同意试着买他的米。为了打开销路,王永庆努力为他的新主顾做好服务工作。他主动为顾客送米上门,还注意收集人家吃米的情况:家里有几口人,每天大约要吃多少米……估计哪家买的米快要吃完了,他就主动把米送到那户人家。他还免费为顾客提供服务,如淘出陈米、清洗米缸等。他的米店开门早,关门晚,比其他米店每天要多营业4个小时以上,随时买随时送。有时顾客半夜里敲门,他也总是热情地把米送到顾客家中。

经过王永庆的艰苦努力,他的米店的营业额大大超过了同行店家,越来越兴旺。

案例2:是公司,还是情报局?

卡瑞特公司是一家食品公司,员工的服务细致入微,员工能够跟踪自己的3 000万个产品用户,这些用户在使用优惠券消费或者参加公司其他促销活动的时候,都提供了自己的真实姓名。根据他们在接受调查时所表达的兴趣,卡瑞特公司定期给他们赠送诸如营养和健身之类的知识小窍门,以及针对某一具体品牌产品的优惠券。

四季酒店在这一方面做得也非常出色，酒店拥有客人完整的历史记录，上面汇集了客人的一系列数据和偏好。在四季酒店，客人的历史记录告诉了这些客人对房间风格的偏好、房价标准、个人生活习惯以及饮食搭配习惯等特别要求。这些信息都用来为客人创造尽可能好的服务和体验。

03　要结果，不要借口

◎ 0.1 法则
　　只求一鸟在手，不求双鸟在林
◎ 外包法则
　　不在乎天长地久，只在乎立即拥有
◎ 底线法则
　　没有永恒的朋友，只有永恒的利益

03　要结果，不要借口

0.1 法则

■ 只求一鸟在手，不求双鸟在林

无数的实践告诉我们：如果你总要一个完美的结果，那么你得到的多半就是一个完美的借口。完美是一个执行陷阱。

我们去服务顾客，永远做不到完全满意，但是我们可以让他们更满意一点儿，然后努力、努力再努力，直到他们满意。我们经营公司，不可能一下子就成为世界500强企业，但至少我们可以不让公司亏损，然后再努力做到"致富"。

可是如果有人说，我们不能让顾客完全满意，所以我们干脆不做了。如果有人说，既然我们不能发大财，那么，这蝇头小利也不要赚了，结果又会怎么样？

差的结果也比没有结果强，有了0.1，就有0.2。0.1永远大于0，这是一个不需要证明的执行真理。

情感：

只求一鸟在手，不求双鸟在林

从基因到细胞，从细胞到器官，从器官到组织，生命的机制精妙绝伦，但是你可知道，海量的遗传信息中，只有部分被利用，换句话说，基因组是不完美的？如果生命本身都不完美，如果大自然都有残缺，你又何必痴求完美呢？

案例："50–15–1 原则"

被顾客拒绝一次，10个推销员有5个会就此打住；被拒绝第二次，5个人中又少掉2个；若被拒绝第三次，就只剩下一个人会做第4次努力了，这时他已经没有了竞争对手。

一位保险公司总经理用"50–15–1 原则"来激励推销员们坚持不懈地努力。所谓"50–15–1 原则"是指每50个业务电话，只有15个客户有意和你谈谈，这15个人里面只有1个人向你买保单。没有坚持不懈的精神，哪里会有良好的业绩？

成功的推销员是屡败屡战的，他们不相信失败，只认为成功是一个阶段，失败只是到达成功过程中出现的不正确方式。短暂的失败，他们学会了改进的方法，促使自己进步。不断地进步，不断地改善，一次又一次地从头开始，才有了最后的美好结果。

一位生意场上的高手说得好："一份心血一份财，心血不到财不来。"

行动：
与其讨论，不如动手

"双鸟在林"是完美之境，"一鸟在手"是残缺之美。完美是虚，残缺是真。商业社会有无数的财富可被攫取，但是，有多少财富不重要，重要的是，你能获得多少财富。

案例：桑德斯上校的归宿

肯德基创始人桑德斯上校一生充满着美国式成功的传奇，他年轻时做过各行各业的工作，包括铁路消防员、养路工、保险商、轮胎销售员及加油站老板等，最后在餐饮业上找到了事业的归宿。

当他在肯塔基州经营加油站时，为了增加收入，他自己制作各种小吃，提供给过路游客，生意由此缓慢而稳步地发展，而他烹饪美餐的名声也吸引了过往的游客。肯塔基州州长于1935年封他为"肯德基上校"，以表彰他对肯塔基州餐饮业的贡献。上校最著名的拿手好菜就是他精心研制出的炸鸡。这个一直受人欢迎的产品经历了10年的调配，最终才得到了令人吮指回味的口感。

当桑德斯66岁之际，他开着那辆1946年的福特古董车，载着他的11种独特的配料和他的得力助手——压力锅开始上路。他到印第安纳州、俄亥俄州及肯塔基州各地的餐厅，将炸鸡的配方及方法卖给有兴趣的餐厅。令人惊讶的是，在短短5年内，桑德斯在美国及加拿大已有400家的连锁店。

在创立肯德基的同时，桑德斯上校是一个66岁、每月领105美元的社会保险金的退休老人，而今天肯德基已成为全球最大的快餐连锁店。同时，桑德斯上校也受到电视台的关注，由于整日忙于料理，他只有找出唯一一套清洁的、白色的夏装西服，这一打扮自此成为他独一无二的注册商标。

从此以后，人们便将这套西装与肯德基联系在一起；而他的这身白西装，满头白发及山羊胡子也成为了世界性的象征。

思维方式：

手里的鸟，才是好鸟

案例：抢离出口最近的那幅画

有这样一个故事。法国著名的作家贝尔纳，一生创作了大量的小说和剧本，在法国影剧史上享有特殊地位。有一次，法国一家报纸进行了一次有奖智力竞赛，其中有这样一个题目：如果法国最大的博物馆卢浮宫失火了，情况紧急，只允许抢救出一幅画，你会抢救哪一幅？结果在该报收到的成千上万份回答中，贝尔纳以最佳答案获得该题的奖金。

他的回答是："我抢离出口最近的那幅画。"贝尔纳不贪求多，不苛求珍贵，只求"一鸟在手"的结果。

外包法则

■■不在乎天长地久，只在乎立即拥有

对比一下吧，为什么在一家公司，内部总是办事拖沓，借口很多，但面对外部客户时，效率立即大不相同？

对比一下吧，为什么朋友帮忙搬家，事后请客吃饭花钱不说，还欠了无数人情？可请搬家公司花钱不多，他们做不好你还要索赔？

对比一下吧，请一个熟人送信，与快递员送信有什么不同？

这就是外包思维。一件事的真正价值是由市场决定的。你付出多少辛苦没有用，你的结果在市场值多少钱，你就值多少钱。辛苦并不值钱，辛苦的结果有人要，才值钱。

无论你进任何一家公司，请把自己设想成一家"独立的公司"。这时，你失去的只是"依赖"，你得到的却是独立的人格。上帝让每个人都是一家企业，每个人都是经营自己的企业家。所有成功者，都是在把自己当成一家公司去经营。

请告诉自己，公司不是家，公司是一个对客户负责的盈利组织。在这里，每个人都对自己负责，没有人会像家人一样无私地对待你。

如果你感到不公平的话，你想过你自己能够做到无私地对待别人吗？

从现在开始，如果有任何人让你做任何事，请你要求自己做到两点：

要么拒绝，去做自己值得做的事。

要么接受，并告诉自己，像对待外部客户一样对待要求。

情感：
不在乎天长地久，只在乎立即拥有

案例：捷足先登

这是一个卡内基追结果、抢利益的案例。卡内基曾在报上看到了一则消息，称欧洲的贝塞麦发明了一种炼钢法，使钢有了大量生产的可能。他马上意识到这将意味着"铁时代"的终结，"钢时代"的来临，谁能捷足先登必将前程无量。于是，卡内基马上与弟弟商量，要把他的全部资本抽出来投资办钢厂，而且还借了一笔钱。

首先是选厂址。卡内基看中了独立战争时期位于布拉多克战场一带的一片土地。那块地的地主听说卡内基要在他的土地上办厂，竟一夜之间把地价从每英亩 500 美元提高到 2 000 美元。卡内基的弟弟犹豫起来，忙打电报请示哥哥。卡内基收到电报时正在吃饭，他马上放下饭碗去电报局发了一个加急电报，告诉弟弟快买下来，不然明天又要涨到 4 000 美元了。

卡内基钢厂兴办起来以后一帆风顺。钢厂的最初资本只有 100 万美元，但不久后，每年的利润就达到 200 万美元，后又增至 500 万美元、1 000 万美元，红火得令人嫉妒。到 1890 年，工厂的年利润已达到 4 000 万美元。

如果卡内基在决策过程中优柔寡断，延长决策时间，则会错失良机。

行动：

一手交钱，一手交货

案例：付不起钱的人就得死

20 世纪末，艾滋病的阴云笼罩了整个非洲大地。2000 年，全球有 3 300 万人感染了艾滋病，其中有 2 300 万人在非洲，平均每天有 5 500 个非洲人死于艾滋病。这个世界还从未见过有如此之高的青壮年死亡率。在现有的死亡率水平下,某些非洲国家 15 岁左右的男孩预计将有 50% 会死于艾滋病。多么骇人听闻啊,难道真的无药可救吗?并不是这样的,1996~1998 年,美国的艾滋病死亡人数就下降了 70%。

这是为什么呢?因为每年高达 10 000~15 000 美元的医药费远远超出了北美和西欧以外的大多数艾滋病患者的经济承受能力。"有人可能会以为,既然找到了更好的药物,艾滋病的危机就结束了。事实远非如此。"时任联合国秘书长的科菲·安南在 2000 年这样表示,对于大多数艾滋病人来说,每年需要支付的费用"完全属于另外一个星系"。

思维方式:

"急功近利",简简单单

案例:"洪水猛兽"何以畏惧?

众所周知,美国的钱袋掌握在犹太人的手里,美国百万富翁中犹太人三居其一。《福布斯》美国富豪榜前 40 名中有 18 名是犹太人。

为什么犹太人可以成为世界上最优秀的商人?其中很重要的原因

在于犹太人经商时，对于所借助的东西，是不带一点儿感情的。只要不违法，并且有利可图，就可以拿来用，根本没有必要考虑太多，无比简单。

犹太人做生意的目的就是为了赚钱，获得最大的利益。哈默就是突出的代表。在苏联刚刚成立时，世界各地的商人都不敢到这里来，只有这个犹太人有胆有识，与苏联做生意赚了很多钱。

在生意上，哈默绝不会有背井离乡的感情压抑，也不会像其他资本家那样视苏联为洪水猛兽。他就是这样"急功近利"，把商业做得简简单单，成了20世纪世界历史上最富传奇色彩的商人。

▎底线法则

▎没有永恒的朋友，只有永恒的利益

要想获得财富，最基本的底线是什么？

财富是交换来的，不是希望来的。你的任何收入都源于别人付钱给你，从你这里购买他们想要的东西。

当你去商店购买物品的时候，你会关心什么？你会关心这件物品昨天什么时候被运来的吗？会关心这件物品是由一个60岁的工人加班赶制出来的吗？

不会！你购买任何东西，只会考虑一个要素，那就是商品本身。

你要致富就只能靠实实在在的结果去交换，这个结果就是底线。所谓底线就是及格线，达到及格线你不一定优秀，但达不到及格线，你再优秀都只能被淘汰。

结果，就是财富的底线。

所谓"底线"，就是不做这一点，你就会死亡。

情感：

留得青山在，不怕没柴烧

案例：减重活命

让我们先从一个故事开始说起。

英国的一份著名报纸，曾经举办过一项没有高额奖金的有奖征答活动。题目是：

在一个充气不足的热气球上，载着三位科学家。

第一位是环保专家，他的研究可拯救无数人，使人们免于因环境污染而面临死亡的厄运。

第二位是核武器专家，他有能力防止全球性的核武器战争，使地球免于遭受灭亡的绝境。

第三位是粮食专家，他能在不毛之地，运用专业知识成功地种植食物，使几千万人脱离饥荒的命运。

此刻，热气球即将坠毁，必须丢出一个人以减轻载重，使其余的两人得以存活。请问，该丢下哪一位科学家？

问题见报后，很多热心的读者纷纷把自己的答案投给报社。回答大多集中在讨论哪一位科学家的重要程度上，有人说环保重要，有人说核武器防范重要,有人说粮食重要。为此,各方支持者争吵不休。

结果出来了,众多回答都与大奖无缘。最终,一个小男孩答对了问题,中了大奖。小男孩的答案再简单不过了——"丢下那个最胖的人"。

为什么?

因为题目要解决的问题是:"防止热气球超重坠毁",而不是任何其他问题。解决这一问题的底线,就是热气球的重量。"减重活命"在这个故事里就是底线答案。至于谁能对社会贡献最大,那是等到科学家活命之后才能够讨论的问题,活命的关头,坚持了底线再说。

行动:

先小人,后君子,大家都是君子;先君子,后小人,大家都是小人

案例1:金钱是唯一的阳光,可使盲人重见天日

美国索尔·贝娄说:"金钱是唯一的阳光,它照到哪里,哪里就发亮。"

金钱无罪,追逐金钱亦不可耻。莎士比亚认为金钱可使盲人重

见天日。

早在 2 000 多年前，犹太人就有谚语说："钱不是罪恶，也不是诅咒，钱会祝福人。"

案例 2：小铅笔的家谱

"没有一个人知道我是怎么被造出来的。"小铅笔说，然后它就讲述了它"出生"的前前后后。首先，做这支铅笔的木头是一棵长在北加利福尼亚或者俄勒冈的笔直的雪松，把它砍倒，运到站台需要锯、卡车、绳子和无数其他工具。这些工具的制造过程又涉及许多人和各种不同的专业分工技能——"先采矿、炼钢，然后才能制造出锯子、斧子和发动机；先得有人种麻，然后经过各道工序的加工，才制造出了又粗又结实的绳索；伐木场里要有床铺和食堂……伐木工人喝的每一杯咖啡里面，不知包含有多少人对利益的追逐。"而后，木材被运到工厂锯成板条，再运到铅笔厂做成笔杆。笔芯是由从斯里兰卡开采出的石墨经过复杂的加工制成的，其中又经过了不知多少人为金钱奔波的艰辛。铅笔上的橡皮也是由产于东南亚一带的菜籽油和硫氯化物反应而制成的。经过许许多多数不清、道不明的工序和环节后，这支小铅笔骄傲地说："地球上没有一个人知道怎样制造我，也没有一个人知道我创造了多少就业机会。"

03 要结果，不要借口

思维方式：

没有永恒的朋友，只有永恒的利益

案例1：阻止利益，就像让长江停止奔流

在中国，大街小巷无数的小商小贩在销售水果、蔬菜和小商品。城里人把这样的货摊称为"跳蚤市场"，因为这些商贩通常都把自己的货物装在小推车上，可以随时走动。

他们需要尽量快速地逃避城管执法人员，如果谁不幸被他们抓到，那就只得眼巴巴地看着自己的商品被销毁掉或者被没收。那些侥幸逃脱的商贩则会在另一条街的角落里继续做生意。

有人呼吁，城管执法人员应该把那些流浪者"清扫出街头巷尾"。对于城管执法人员来说，无照经营是不允许的，但是他们又没有办法彻底地查禁，小贩们的顽强再次印证了一句话："阻止人们获取利益，就如同让长江停止奔流。"

案例2："二战"集中营里的市场

在第二次世界大战期间的战俘集中营里，竟出现了类似的市场。战俘之间用红十字会配给的食品、香烟和衣服等做交易。不吸烟的人把香烟卖掉换取食物，而素食的印度人则用肉罐头来换取果酱和人造

黄油。有些战俘充当起了中间人，在集中营里从价格较低的地方买进商品，然后到价格较高的地方卖出。那里甚至出现了一个劳动力市场，有战俘提供诸如洗衣服、画肖像的服务，还有原始的金融市场，卖方可以给买者提供一定的信用贷款。

没有永恒的朋友，只有永恒的利益，不管哪里都是如此，哪怕是处于地狱边缘的"二战"集中营中。

04 对工作百分百负责任

- ◎自我责任法则
  我的地盘，我负责
- ◎"强者心态"法则
  自助者天助

▌自我责任法则

▎我的地盘，我负责

过马路时，如果你遵守交通规则，那么有车闯红灯发生交通事故，你没有错，司机有错。司机是百分之百的错，应该百分百地承担交通事故的责任。

这是谁的观点？法官的观点。

你的观点呢？你没有错，但你可能已经死于这场事故，无论百分之百承担责任的司机已经受到什么惩罚，都不能够弥补你的损失。因为你已经死了。

无论多么痛恨那些司机酒后驾驶，多么抱怨那些警察不制止违章，都不会改变你所受的损失。

既然无论如何处罚别人，都无法弥补你所受到的苦难。那么，我们就要对自己所受的苦难负责。

如果我们是在百分百地经受苦难，那么，我们就要对这个后果承担百分之百的责任。

别人犯错，不是我必然经受苦难的理由。只要我对自己负责，那么即便我不能够改变别人违章的现实，我也能够改变对违章的行为与态度，从而改变结果。

情感：
以法官责任为耻，以自我责任为荣

无论法官如何评判，最终的结果都只能由肇事者承担。一切的争论与呐喊都是枉然，因为你的人生只掌握在你的手里。

案例1："我愿意承担责任"

约翰和丹尼尔新到联邦快递公司，被安排为工作搭档，他们工作一直都很认真努力。老板对他们很满意，然而一件事却改变了两个人的命运。一次，约翰和丹尼尔负责把一件大宗货物送到码头。这件货物很贵重，是一个古董，老板反复叮嘱他们要小心。到了码头，约翰把货物递给丹尼尔的时候，丹尼尔没接住，货物掉到了地上，摔碎了。老板对他们进行了严厉的批评。"老板，这不是我的错，是约翰不小心弄坏的。"丹尼尔趁着约翰不注意，偷偷来到老板办公室对老板说。老板平静地说："谢谢你，丹尼尔，我知道了。"随后，老板把约翰叫到了办公室。"约翰,到底怎么回事?"约翰就把事情的原委告诉了老板,最后约翰说:"这件事情是我们的失职,我愿意承担责任。"

约翰和丹尼尔一直等待处理结果。老板把约翰和丹尼尔叫到了办公室,对他俩说:"其实,古董的主人已经看见了你们在递接古董时的动作,他跟我说了他看见的事实。还有,我也看到了问题出现后你们两个人的反应。我决定,约翰,留下继续工作,用你赚的钱来偿还客户。丹尼尔,明天你不用来工作了。"

案例2:命运掌握在自己手中

一个生活平庸的年轻人,对自己的人生没有信心,平时经常去找一些"赛半仙"算命,结果越算越没信心。他听说山上的寺庙里有一位禅师很了不起,有一天他便带着对命运的疑问去拜访禅师,他问禅师:"大师,请您告诉我,这个世界上真的有命运吗?"

"有的。"禅师回答。

"噢,这样是不是就说明我命中注定穷困一生呢?"他问。禅师让这个年轻人伸出他的左手,指着手掌对年轻人说:"你看清楚了吗?这条横线叫作爱情线,这条斜线叫作事业线,另外一条竖线就是生命线。"

然后,禅师让这个年轻人自己做一个动作,把手慢慢地握起来,握得紧紧的。

83

禅师问:"你说这几根线在哪里?"

那人迷惑地说:"在我的手里啊!"

"命运呢?"

那人终于恍然大悟,原来命运是掌握在自己手里的。

这个故事感动了我,震撼了我,我相信对于你也是一样。对自己负责,是一种对生命的敬畏,让我们不再浪费和亵渎生命;对自己负责,是一种对人生的尊重,让我们深入自己,以拨开乌云迎接天日;对自己负责,是一种对价值的肯定,让我们学会相信自己,创造价值。

案例3:抵押房产贷款以收购股份

霍华德·休斯早年丧母,年仅18岁时,父亲去世了,当时亲朋好友都认为他还没有掌控财产的能力,应该去上大学。当法官征求休斯本人的意见时,出乎众人的预料,他很坚决地表示不想再读书,并且希望获得亲友们同意,把父亲分给亲友们的1/4的遗产全买下来,以拥有休斯公司100%的股份。当时亲戚们全愣了。

为了买下这1/4的股份,并无从商经验的休斯向银行贷款,为了让银行把现金贷给他,他甚至将房产做了抵押,就这样,在父亲去世4个月时,休斯取得了银行的贷款,用现金买下了亲友们所继承的那部分遗产,成了休斯公司唯一的主人。

贷款购买分配给亲友的遗产的这一举动,成为休斯一生中最成功的投资之一——正是因为休斯小小年纪就敢于投资、负责，才让他能像华盛顿、林肯一样，无人不知。

行动：

我受益，我投资；我难受，我负责

当你负责时，你的感受往往是不舒适的。这个时候就要把你的舒适范围想象成你居住的一座监狱——一座自己修起来的监狱。它主要的组成部分是："不行"、"不能"以及其他各种没有理由的信念。而这些东西，是来自于你人生里遭遇和积累的所有负面的想法和结果。所以，要打破限制你的惯性，勇于承担责任，无论多么痛苦。只有这样才能成功"越狱"，获得"新生"。

案例：负债累累的马克·吐温

1929年，马克·吐温在机器方面大量投资，如蒸汽机、电报机以及经过改良的最新印刷机等，结果损失了十几万元。后来，他又在新式电话机方面投资，结果更是出乎他的意料之外，他的产业因此全部损失殆尽，只剩下了厨房的烟囱。

由于马克·吐温良好的人缘和声誉，许多人向他主动伸出援助之手。他的朋友美孚公司经理罗杰斯准备助他一臂之力，代他还债；更有许多向来钦佩他的人们，自动联合起来为他募捐，支票从美国各地像雪片似的寄来，但所有这些支票，都被马克·吐温一一拒绝、原封退回。面对自己前期投资失误带来的困境，他决定自己承担责任、自己还债。

为了还债，他开始到世界各地旅行，白天进行公开演讲，晚上就住在旅馆里。忍受一切的烦闷和思乡，6年后，马克·吐温按计划还清一切债务。

同时，出乎他意料之外的是，他开始只是为了要自己还债而到各地旅行、演讲，但后来他发现，这6年多的旅行、演讲经历，让他接触到世界各地的民众生活，为他的小说写作积累了丰富的素材和经验，也让马克·吐温在小说界达到令世人瞩目的地位。

思维方式：

受益者承担责任

任何人都是责任的主体，谁受益谁就要承担相应的结果与责任。

案例：付出生命的代价演奏

一次，传奇小提琴演奏家艾萨克斯坦在音乐会上碰到一位中年妇女。妇女赞叹道："噢，要是能像您这样演奏，我真愿意付出生命。"

"女士，"艾萨克斯坦忧郁地回答，"我就是这样做的。"

这个小故事充分体现了"谁受益，谁承担"的理念。正是因为艾萨克斯坦愿意为音乐付出生命，他才能获得世人的赞誉。

"强者心态"法则

自助者天助

从恐龙的崛起到消亡,从猿猴的进化到人类的强盛,大自然总是在上演物竞天择、适者生存的景象。这一幕一幕血淋淋的场景,在漫长的生命进化过程中,证明着一个简单的自然法则:是危机而不是理想,在推动着这个世界的进步。

人类社会中体现这一法则最激烈的地方,是体育竞技场与市场。在这两个战场,一切都是为胜利者准备的。

感叹命运不公,抱怨世态炎凉,强调外在条件的背后,是一种自卑的弱者心态。真正的强者相信适者生存,相信上帝是公平的,相信无论环境多么恶劣,我们都可以通过选择态度与行为,最终改变结果。

这才是真正的强者心态。

情感：

我有真理我怕谁

上帝是公平的，上帝给每个人都准备了宝藏，上帝把钥匙藏在我们身上，却不告诉我们具体的位置。于是，我们一生的使命，就要在自己的身上寻找上帝藏匿的钥匙。请记住，永远不要放弃自己，因为上帝会帮助你，前提是你找到上帝藏在你身上的钥匙。

我们要喜欢自己，要爱自己，要无条件地接受自己，甚至接受自己身上的缺点。也许，上帝就把钥匙藏在缺点的背后，我们把缺点翻转过来，上面就是上帝藏在我们身上的钥匙。这把钥匙上写着：自救者天助。

当上帝把阳光洒向大地的时候，我们就要像淋浴在阳光中的花朵一样，灿烂地开放。当阳光被乌云挡住的时候，请记住，上帝就在我们心里，我就是人间的太阳，我要去照亮自己，照亮别人。

强者会紧握着他所信仰的真理，吹响生命的号角，勇往直前，无所畏惧。强者相信自己不是来自一场意外，不是来自批量生产，也不是一件流水线产品；而是上帝鬼斧神工的产物，是上帝精密设计、赐予特殊的才华后，仁慈地安放在地球上的。

强者相信，他可以释放真理的光辉，发挥真理的威力。

案例1：评分"C"带来的商业奇迹

"联邦快递之父"——弗雷德·史密斯非常爱好飞机，他曾报名参加了海军陆战队后备役军官训练班。从那时起，飞机和运输就成为弗雷德毕生思考的问题。

大学三年级的时候，他写了一篇学期论文，对当时包裹不能直接运送到目的地，而必须经由多家航空公司转运的问题提出了质疑。他提出，能够直接运输"非常重要、讲究时效"的货物的公司，可能是一个潜力巨大的市场。但弗雷德的教授并不这样认为，虽然他认为这篇论文有一些可取之处，但因为当时美国政府对空运航线的诸多管制，他认为这个设想太过于理想化了，难以实现，于是这位教授评分时只给了一个"C"。

但这位教授没有想到的是，后来这个设想确实成功了。虽然这个过程充满艰辛，但是弗雷德做到了，联邦快递做到了。

这让我们相信畅销小说作家理查德·巴赫的那句话——"相信自己会赢的人，迟早都会赢。"赢的原因，在于他们掌握着真理。

案例2：微软何时破产

比尔·盖茨说：微软离破产只有18个月，也永远只有18个月。

案例 3：难怪波音公司倒闭了

波音公司在新员工入职教育时，播放波音公司倒闭的假新闻。

案例 4：我只要跑得比你快

两个人在森林里，遇到了一只大老虎。A 就赶紧从背后取下一双更轻便的运动鞋换上。B 急死了，骂道："你干什么呢，再换鞋也跑不过老虎啊！"A 说："我只要跑得比你快就够了。"

虽然这是一则笑话，但我们看到，老虎在后，A 还能停下来换鞋，这种从容更在于他掌握了两人中跑得快的可以逃生、跑得慢的将落入虎口这样的规律。

行动：

有点儿阳光就灿烂，没有阳光更灿烂

强者绝不允许自己被击垮，无论发生什么样的事，无论境况多么糟糕。强者总是能将他们生活中消极的事物，转换成服务于他们的东西。对于他们，化逆境为助力是真正美好的。对于强者，他们有点儿阳光就灿烂，没有阳光更灿烂。

案例1：没风也要放风筝

发明家、丰田创始人丰田佐吉喜欢放风筝，即使是在创业成功后，他也会请村子里的年轻人陪他一起放风筝。某年秋天，很难得地碰上了没有风的日子，年轻人说："先生，没有风放不了。"他劝佐吉放弃，可是佐吉却说："我们还是放放看吧。"在试了很多次，最终放弃的时候，佐吉脸上露出了笑容。他说："事情就是这样，有风的时候放风筝是理所当然的，然而在有困难的时候，努力把它放起来才更有成就感。做事业也是一样，不要轻言放弃。"

案例2：这不是世界末日

J·K·罗琳失业后，成了一位靠救济金生活的单身母亲，回想起那段惨淡的记忆时，她说："失业使我痛苦，但我想这不是世界末日。我开始尝试多年想做却没有去做的写作，结果我成功了。"她的处女作《哈利·波特》出版后，在全世界一版再版，并且还被搬上了银幕。而2007年，J·K·罗琳身家已经超过英国女王，达到5.2亿英镑，在《福布斯》2007年全球最有权力人物排行榜上位列49位。

案例3：生命的最后叩问

毕马威会计师事务所前董事长与CEO（首席执行官）尤金·奥凯利在事业巅峰之际，患上了脑癌，如何度过最后的三个月呢？他问了自己两个问题："第一，人生的尽头非得是最灰暗的吗？第二，能不能给生命的最后岁月添上一些亮色，甚至让它成为人生最美妙的时光呢？"然后，他做出了一个坚定的回答："在我看来，第一个问题的答案是否定的，而第二个问题的答案是肯定的。"

案例 4：一只蜘蛛的鼓励

雨后，一只蜘蛛艰难地向墙上已经支离破碎的网爬去，由于墙壁潮湿，它爬到一定的高度，就会掉下来。它一次次往上爬，一次次掉下来……第一个人看到了，悲伤地感叹："人的一生不就像这只蜘蛛吗？忙忙碌碌，但终无所得。"第二个人看到了，他立即被蜘蛛屡败屡战的精神感动、鼓舞，变得更加坚强起来。

这第二个人，就是我们所熟知的最后在中国历史上叱咤风云的一代君王——朱元璋。

案例 5：你给我黑暗，但我照样给你光明

舜的父亲因为受后妻的迷惑，不但溺爱小儿子象，而且还千方百计地谋害舜。他打发舜去修缮谷仓，等舜上了屋顶，他们便在下面抽走梯子，然后放火去烧谷仓，但舜却巧妙地逃走了。后来，他们又让舜去打井，等他下井之后，他们就和小儿子象一起将井填满了。不料，舜却从旁边的洞逃了出来。出来后，舜并没有找父母报仇或发泄愤怒，依旧像往常一样孝敬父母，对弟弟照样爱护有加，他的举动感动了许多人。后来，尧帝退位，便将权位传给了舜。

几千年来，这就成了中国传统文化中一直颂扬的"尧舜精神"了。你给我黑暗，但我照样给你光明——无条件的光明。

思维方式：

自助者天助

强者应用创造力的能力，使他们在面对生命的起伏不定、阴晴圆缺时，仍然能活得精彩。自己决定在逆境中崛起的人，上帝也会被他们的不屈所感动，正所谓"自助者天助"。

案例1：自助者天助

有一个小故事，讲的是一个人在屋檐下躲雨，这时看见一个和尚打伞走过，这人说："大师，普度一下众生吧！带我一段如何？"

和尚说："我在雨里，你在檐下，而檐下无雨，你不需要我度。"

听罢，这人立刻跳出檐下，站在雨中："现在，我也在雨中了，该度我了吧？"

和尚说:"我在雨中,你也在雨中。我没有被雨淋,是因为有伞;而你被雨淋,是因为无伞。所以,不是我度自己,而是伞度我。你不必找我,请自己找伞。"

和尚说完便走了。

这人很气愤,心想不就被雨淋吗?又不会死人,怕什么!一气之下,就冲到雨中,昂头前进。

谁知道,这时有很多人看到他在冒雨前行,毫不畏惧,心想一定是这人有急事要回去,于是纷纷走上前来,要与他一起在伞下同行。

强者自助,上帝也会垂青他;弱者自怜,上帝只能放弃他。

案例 2:等候上帝

有一次,一位神父居住的小镇上发洪水。洪水迅速地淹没了他的小屋。为了逃生,他只好爬上屋顶,并不断祈求上帝保佑:快来救救我。不久,有一艘小木船向他划过来,船上的年轻人大喊:神父,快上来。没想到,神父大声应道:年轻人,你去救别人吧,上帝会来救我的。

小木船走了,神父继续祈祷,水已涨过屋顶。这时,又见一艘摩托艇快速向他开来。艇上人大喊:神父,快点儿走,要不就真的来不及了。只见神父一脸安详地说:年轻人,快去救别人吧,上帝一定会来救我的。

摩托艇走了，神父继续祈祷。又过了一阵子之后，水涨到了神父的胸口。此时，又见天边有一架直升机，飞快地朝神父飞过来，机上人狂喊：神父，神父，快上来，要不就真的没命啦。没想到，神父依然一脸安详：快去救别人吧，上帝肯定会来救我的。飞机飞走了，水还在上涨，很快神父就被淹死了。

死后，一生虔诚的神父的灵魂升到天堂。见到上帝，他非常生气：上帝，你真是不够意思，我一生对你如此虔诚，为什么在我快要被淹死的时候不来救我？这时，只见上帝一脸安详，对神父说：我的孩子，当水淹到你屋子的时候，我不是派了一艘小木船去救你吗？你不上来；当水淹到你屋顶的时候，我不是又派了一艘摩托艇来救你吗？你还不上来；当水淹到你胸口的时候，我看到情况万分危急，派了我这里最高级的救援工具直升机去救你，你还是不上来，你真的不能怪我呀！

神父一生祈求上帝保佑，可非常遗憾的是，他自己不想救自己的时候，上帝怎么帮忙，也救不了他。上帝一会儿派出小木船，一会儿派出摩托艇，一会儿又派出直升机，可他就是不知道。唯有自救者，上帝才能帮助到你。

案例3：自己的生命应该由自己负责

拿破仑年轻的时候，一次到郊外打猎，突然听见有人喊救命，他快步走到河边一看，见一男子正在水中挣扎，这河水并不深。拿破仑端起猎枪，对准落水者，大声喊道：你若不自己游上来，我就把你打死在水里。那人见求救无用，反而添了一层危险，便只好奋力自救，终于游上岸来。

拿破仑拿枪逼迫落水者自救，是想告诉他，自己的生命本应该由自己负责的，唯有对自己负责的生命，才是真正有救的生命。

05　要结果，从我做起

◎角色法则
　　我是谁？我应该是谁？
◎对事法则
　　人情有价，原则无价
◎雇用法则
　　拿到这笔钱，打好这份工
◎阿甘法则
　　服从个人是奴性，服从规则是美德

▰ 角色法则

■▰我是谁？我应该是谁？

美国有一个很有名的 AA 戒酒协会帮助了很多有酒瘾的人，这个协会有一个很著名的信条：假装戒酒，弄假成真。戒酒者先假装戒酒，持续地按照假设的角色行动，就会真的把酒戒掉了。

我们希望我们自己是什么样子，我们强迫自己按这种样子行动，我们就会拥有这样的感觉，最后我们就成了这样的人。这就是"角色法则"。

也许你会觉得这样是不是太简单了：做一件好事就会成为一个好人？极端害羞的人，会因为强迫自己与陌生人说话，突然变成开朗的人？

但 AA 戒酒协会的成功告诉我们，当我们面对酒瘾这样强大到难以克服的敌人时，给自己一个新的自我定位，然后行动，就会创造奇迹。酒瘾都可以戒掉，有什么事是不能做到的？

少一点儿反省与讨论，多一点儿行动吧，只有行动才能改变现状。那么，如何行动？从演戏开始！人生就是一个舞台，所谓的失败，无非就是你应当扮演的角色没有演好；无非就是在角色转变的时候，你把其他角色的行为与情感带入了新的角色。

人生最大的悲剧不是失败。失败并不可怕，跌倒了，站起来就可以了。

人生最大的悲剧在于：不知道我现在是谁，我应该是谁？不知道自己现在是谁，现在就完了；不知道自己应当是谁，未来也完了。

不幸的是，"我是谁"、"我应当是谁"并不是由自己决定的，而是由我们所选择的背景决定的。我们选择了父母做背景，我就是儿子，或者女儿；我们选择了学校做背景，我们就是学生；我们选择了地区做背景，我们就是北京人、四川人；我们选择了社会做背景，我们就是公民。

如果你想知道"我是谁"，那么，你首先要选择你现在所处的背景，然后才有真正的回答。如果你选错了背景，比如在社会中，你选择了父母做背景，回答自己是儿子或女儿，那么，等待你的就将是角色错乱带来的困惑：在社会上，没有人会像父母对待子女一样对你，你可以等待别人像父母一样对待你，但没有人会理你。

那么，我们应当选择什么背景来回答：我是谁？我应当是谁？

业余球员与专业或职业球员的差别是什么？最重要的差别不是水平，而是角色差别。业余球员以打球为业余爱好，既然是业余，做不好没关系，只要愉快就好。而专业球员以打球为生存方式，既然是赖以生存的职业，做不好就不能够生存，做不好是一种耻辱。

人生最大的悲剧在于：不知道我现在是谁，我应该是谁？而一旦我们知道现在自己是谁，现在就不再重要了，因为最重要的是知道自己未来应当是谁。

情感：

以职业精神为荣，以玩世不恭为耻

人生如戏，每一个人都扮演着不同的角色，有的人在落幕之时，还不知道他用一生演了怎样的一出戏；而有的人却在登上舞台之前就知道他将扮演什么样的角色，他知道那将是他一生的使命。

只有知道自己的角色的人，才可能秀出精彩的自我，享受精彩的戏剧人生。

案例1：当你知道你将出演什么角色时，什么都阻挡不了你

约翰·波特曼扮演了一名国际知名建筑师的角色，因设计底特律的文艺复兴中心、桃树大厦、波纳范切尔饭店和凯悦饭店的中庭而备受推崇。有人问波特曼："你是否记得你是什么时候决定成为一名建筑师的？"波特曼回答，他初中时上过一门机械制图课，为它着了迷，无论走到哪里都念念不忘画图。当时，亚特兰大有两所高中：一所高中侧重大学预科，另一所高中提供许多对他所选择的领域有帮助的技术课程。

对前途胸有成竹的波特曼拜访了侧重技术教学的中学校长。波特曼说："先生，我学过机械制图。现在，我知道我将来要从事什么职业了。我要成为一名建筑师。"他接着说："我想到您的学校学习。但我只想上与绘图和建筑有关的课，其他的课不上。"校长说："年轻人，既然你小小年纪就立下大志，我是不会反对的。"

案例2：及时调整角色，时刻追逐日光

约翰·波特曼早早就知道了自己想要扮演的角色。事实上，不是每个人都这样顺利，有的人可能戏剧性地错演，将"正旦"（穿着素净，动作稳重）演成"武旦"（以武功、武戏见长）。尤金·奥凯利，作为毕马威会计师事务所的前任CEO，就曾上演过这样一出戏。

毕马威董事长和CEO尤金·奥凯利正处于事业的巅峰，却不幸患上脑癌。在最后三个月的生命中，他深省了自己人生的目标与意义，在《追逐日光》一书中发表了自己的感人告白，深情地讲述了这样一段经历：

奥凯利对棒球运动抱有极大的热情，但是母亲却告诉他："你很有热情，能够成为一个不错的棒球运动员，但是你并没有成为棒球明星的天赋。"母亲希望他能够保留那份热情，但同时走上自身才华的发掘之路。当奥凯利在宾夕法尼亚州立大学念大一的时候，他发现他甚至无法以候补球手的身份晋级首发阵容，棒球天赋还不如自己的弟弟。当他认识到这一点后，立即转变了自己的角色期待。

他说："不管自己是否高兴，这就是事实，我必须要坦然面对，我也做出了灵活调整。光阴流转，我这种调适的速度也越来越快，我具备了快速调整人生航向的能力，有时候经常是在瞬间就能掉转船头。如果不慎驶入了错误的航道，我会马上改变航向驶向新航道，而不会有任何负疚感。"

案例3：我是一名运动员

刘翔的一句话给了全社会一记耳光："我已决定不再当众唱歌，因为我想告诉大家，我是一名运动员，我的尊严在于跨栏，不是唱歌。"

刘翔这句话的完美程度，完全可以和他在雅典奥运会上震撼世界的表现相媲美。这是刘翔在拒绝央视春节晚会演唱要求时说的话。

"我是一名运动员"——无论过去做过什么，但这时能说出这样的话，表明脱去浮躁、洗尽铅华后的刘翔对自己已经有了清醒的角色定位，有了自豪的职业认同和与之对应的职业精神，有了不可逾越的职业原则：在其位，谋其政；有所为，有所不为。

作为某项事业的从事者，尽可能做自己职业分内的事和与职业精神相吻合的事，并把自己的人格融入职业生命，对"我是一名×××"存敬畏之心——当某种"行为要求"越过这个边界时，无论能给自己带来多么绚烂的名，带来多么丰厚的利，都毫不犹豫，断然拒绝。

案例4：入戏的梁朝伟

香港著名影星梁朝伟一向饰演正气角色，在奥斯卡获奖导演李安的新片《色·戒》中，梁朝伟饰演一名性格残暴和凶狠的汉奸。他在戏中扮演的50多岁的"卖国贼"，每天要审判和害人，天天都被人骂"汉奸"，又要经常骂人和凶残地毒打、踢人等，需要非常深入地揣摩角色。因为太过入戏，梁朝伟坦言自己的精神受尽折磨，经常失眠，食不甘味，瘦了约18斤，仿佛活在水深火热之中。

但也正是凭借着对角色的投入和精湛的演技，梁朝伟凭电影《色·戒》成功入围角逐2007年威尼斯电影节的影帝。

行动：

屁股决定脑袋

知道自己应该扮演什么样的角色，仅仅是成为"名角"的第一步，更为重要的是如何付出行动，做到演什么就是什么。

案例1：没有人见过不戴面具的他

索尼的创始人之一盛田昭夫就是一个"演技超群"的"大明星"。他的儿子评价他："父亲始终都是一个技艺高超的演员，不管是外国人还是日本人，抑或井深大或家里人，没有一个人见过不戴面具的他。"

盛田昭夫必须"表演"，他不得不扮演日本最被世界认可的企业家。他不得不这样表演，直到他中风为止。他竭尽全力地工作和学习，为的是扮演好这个角色。演什么就是什么，是一个使命，因为你属于这个角色；演什么就是什么，是一种意志，因为精彩是生命的归宿。

案例2：扮演冠军，你就是冠军

1975年9月30日，33岁的阿里与另一位拳坛猛将弗雷泽进行第三次较量（前两次一胜一负）。在进行到第14个回合时，阿里已经精疲力竭，濒临崩溃的边缘，这个时候一片羽毛落在他身上也能让他轰然倒地，他再无一丝的力气迎战第15个回合了。

然而，阿里拼着性命坚持着，不肯放弃。他心里清楚，对方和自己一样，也是有气无力了。比到这个地步，与其说在比气力，不如说在比意志，就看谁能比对方多坚持一会儿了。阿里知道此时如果在精神上压倒对方，就有胜出的可能。于是，他竭力保持着坚毅的表情和誓不低头的气势，双目如电，令弗雷泽不寒而栗，以为阿里仍保存着体力。

这时，阿里的教练邓迪敏锐地发现弗雷泽已有放弃的意思，他将此信息传达给阿里，并鼓励阿里再坚持一下。阿里精神一振，更加顽强地坚持着。果然，弗雷泽表示俯首称臣，甘拜下风。

裁判当即高举起阿里的手臂，宣布阿里获胜。这时，保住了"拳王"称号的阿里还未走到台中央便眼前漆黑，双腿无力地跪在了地上。弗雷泽见此情景，如遭雷击，他追悔莫及，并为此抱憾终生。

阿里在濒临崩溃时，依然记得自己扮演着冠军的角色。正是这种角色意志让他双目如电，以必赢之势令对手不寒而栗，终得胜利。

思维方式：

用积极暗示拯救自己

案例1："我就要死了"

"二战"时期，德国法西斯曾经做过一个残忍的试验。他们挑选出几名身强力壮的犹太人囚犯，蒙上他们的眼睛，然后绑上他们的双手，随后拿一把小刀在他们的手腕处划上一道，告诉他们手腕已经被划破，血流不止。其实纳粹们只是悄悄地在旁边放上一个木桶，以一根不断流水的细管发出的声音模拟血流到木桶中的"滴答"声。最后，尽管这几个囚犯手腕上的出血早已被止住，可是他们仍然死去了。身体检查表明，他们死时的生理状态，非常像失血过多而死的病人。这并不是耸人听闻，而是因为那几个囚犯无一不惊慌失措地、反反复复地对自己说："我就要死了"，心理暗示对人产生强大的消极影响，假话变成了真话。

案例2：75岁了，还能恢复记忆力吗

一位75岁的妇女经常对自己说："我的记性不好。"在她听了我的课以后，就开始一天几次用积极的方式告诉自己："我的记忆力从今天开始逐步改善，我总可以记住我需要知道的事，不管何时何地，我

脑中接收的印象越来越清楚和具体，我很轻松地就记住了，并且很自然。我要想回忆什么，马上就想起来了。真的，每天的记忆力都大大增强，很快我就同往日一样记忆力那么好了。"3个月后，她的记忆力恢复了正常。

▌对事法则

■人情有价，原则无价

子女上班了，家长会对子女单位的领导说，我把孩子交给你们了。于是，企业就成了员工的家长。而我们的领导们也喜欢这种感觉，没完没了地谈心就是一例。

这样做在短期是有极大效率的，因为做好上级交代的事，获得的不仅是商业的回报，而且还有感情上的满足，所谓"士为知己者死"便是这种情感变化的写照。而上级也能够同时获得情感上的回报，这就是为什么我们有那么多领导陶醉于当领导感觉的原因。

这样的结果是造成了我们普遍的依赖，使中国企业缺乏真正独立的职业经理人，因为依赖是通往成功最大的阻碍。

在市场经济中，要获得成功，就要懂得市场经济的真正成功之道。市场经济的核心有两点，一点是自由竞争，另一点是平等交换。这两点告诉我们，我们之所以能够获得一份工资，能够生存，是因为我们自愿提供相应的业绩或价值，以此来交换收获。

没有人强迫我们这样做，我们这样做只与我们遵从平等交换的市场规则有关，与任何人无关。管理的出发点是事的顺序，而权术的出发点是人的服从。管理的本质是规律，权术的本质是谋略。对事不对人，这样我们就获得了独立的经济人格。

"经济人格"的意思是指，无论别人怎么评价，第一，我遵从竞争规则，我就在内心获得了强大的自信；第二，如果我遵循了规则，努力付出仍然不能获得回报，那就要离开，这与感情无关，与我们成功的道理有关。

情感：

人情有价，原则无价

你可以为爱情付出一切，永远不嫌多；但是，你只能为原则做一件事，那就是无条件地遵从它。

案例：是什么创造了星巴克奇迹？

是什么创造了星巴克奇迹？星巴克的创立者霍华德·舒尔茨回答："我们的最大优势就是与合作者们相互信任，关键问题在于我们如何在高速发展中，保持企业价值观和指导原则的一致性。"

星巴克选择特许加盟店的标准是,以星巴克的经营原则为主。星巴克是如何经营的,特许加盟店就要以同样方式经营,因为星巴克认为自己的原则是从消费者那里来的,"是消费者而不是星巴克在选择合作者"。所以,星巴克要求特许加盟店必须做到:以星巴克的标准来培训员工!

原则只有一个,原则不可以重来一次!这就是星巴克面对可能的矛盾时所保持的信念:绝不为利益牺牲原则!由此,星巴克就获得了在失败面前的从容。霍华德·舒尔茨说:"我们可能失败,但我们相信,真正的成功者必定是沿着我们所坚持的原则成功的!"

行动:

要做事不做人,不要做人不做事

案例1:惠普存在的原因

惠普前任CEO约翰·杨说:"我们的基本原则,从创办人构思出来后一直维持不变。我们把核心价值和实务分得清清楚楚,核心价值不改变,但是实务做法可以改变。我们也清楚地表明:利润虽然重要,却不是惠普存在的原因。公司是为了更基本的原因而存在的。"

这是杰出商人对原则的遵从,这是伟大企业对原则的坚守。"原则无价"告诉我们:要做事不做人,不要做人不做事。

案例2:他们留下了什么

同行业的迪士尼公司和哥伦比亚电影公司两个公司领导人不同的做法,让"做事"与"做人"的优劣一目了然。

沃尔特·迪士尼在死前最后一天还在医院里极力思考如何用最好的方式,开发在佛罗里达州的迪士尼世界。他本人即将死亡,但是迪士尼公司为大家带来欢乐、创造欢笑和泪水的能力永远不会死亡。《迪士尼之梦》的作者理查德·席克尔说:"最重要的是有能力不断地建立制度——从不停止,从不回顾,从无结束……最后分析来看,沃尔特·迪士尼最伟大的创造是迪士尼公司。"

而竞争对手哥伦比亚电影公司的科恩却刻意培养自己的暴君形象,在自己的办公桌附近放着一根马鞭,常常为了强调语气,把马鞭挥得"啪啪"响。科恩最关心的是成为电影大亨,在好莱坞发挥庞大的个人力量(他是好莱坞同时得到总裁和制片人头衔的第一人)。对于在他身后可能存续的哥伦比亚电影公司的特质和形象,他很少关心。

迪士尼公司在20世纪八九十年代继续生存,重振沃尔特·迪士尼以前建立的传统。相形之下,科恩的公司根本没有什么可以拯救和重振的东西，没有人觉得哥伦比亚电影公司应该以独立实体保存下来。

思维方式：

事对事有解，人对人无解

案例1：全世界的人都认为辛普森有罪，但陪审团只能根据证据审判

1994年6月13日，美国前橄榄球明星、影视界当红演员辛普森的前妻尼科尔和她的男友罗纳德·戈德曼血迹斑斑的尸体在尼科尔的公寓外被发现，当日警方传讯辛普森后将其释放。17日，辛普森驾车外逃时被捕，美国全国电视实况转播了在洛杉矶高速公路上的惊险追捕场面。辛普森被警方指控犯有双命血案，辛普森自称无罪。于是，开始了一场历时474天、震撼全美的"世纪审判"。

虽然无数的人都相信辛普森是有罪的，但是陪审团只能根据证据做出审判。在分析了113位证人的1 105份证词后，宣判辛普森无罪。尼科尔和戈德曼的亲属则失声痛哭，大多数人都惊诧不已，以至于当时的美国总统克林顿都亲自出面要大家尊重陪审团的判决。

案例2：我不是施舍给他那个人，是施舍给人道

托尔斯泰先生有一次向一个乞丐施舍，朋友告诉他，该乞丐不值得施舍，因为他以品格恶劣闻名莫斯科。托尔斯泰先生说："我不是施舍给他那个人，我是施舍给人道。"

施舍的对象不是人，也与人的品格无关，这是"不对人"。施舍的意义不在于挽救了谁，在于施舍时世间就建立了人道主义，这是"对事"。

▍雇用法则

■■拿到这笔钱，打好这份工

我们所谓的"成功"，指的是在市场经济竞争中的成功。而市场经济最大的特点，就是通过交换实现价值。所谓"交换"，就是说我们只有被利用，被雇用，才有价值。

我们要感谢购买我们劳动成果的公司，要感谢有人愿意用我们的才华，而这一切，首先要求我们愿意按这些购买者的意愿，调整自己的行动与结果，也就是以客户为中心。

所谓"雇用法则"，就是强调我们的价值是由市场决定的，而不是由某个老板决定的。这是为什么职业经理人宁可冒着被老板开除的风险，也要誓死遵循商业规则与捍卫商业道德的原因。

情感：

不怕被利用，就怕不被利用

案例 1：姜子牙为什么杀了一个才子？

姜子牙出任西周军师时，听说民间有一个很贤德的大才子，于是派人请他出山，帮助自己。谁知那位大才子对当官不感兴趣，只想过闲云野鹤的生活，于是，姜子牙大怒，派人把那位大才子杀了。

别人很不理解，说这样的人不肯出山就算了，对你又不会有什么威胁，为什么把他杀了？姜子牙一听训斥道："糊涂！男人只有做了官，才能被控制，如果听凭他有才，而又不服从朝廷的调用，给天下有才的人树立了一个榜样，那岂不是很危险？"

案例 2：进城务工，养家糊口

进城就业的农民工工资收入比较低，生活质量比较差，居住、医疗条件得不到保障，休闲方式比较单调，劳动技能普遍偏低，子女教育问题比较突出。而且在中国各地各种歧视、欺骗、克扣、剥夺农民工应得利益的现象时有发生。尤其是在私营中小型企业里面更为严重，老板们的贪欲、无耻、霸道甚至公然抢劫、诈骗也屡见不鲜。

但国家统计局城市农民工生活质量状况专项调查结果表明：进城

务工农民的收入，普遍比在家务农收入高出很多。外出务工是其家庭最主要的收入来源，是提高农民收入的重要途径之一。许多农民工在城里工作生活，除了维持日常开支外，其余的钱基本上寄回家乡，成为留守孩子、老人的基本生活来源。

行动：

拿到这笔钱，打好这份工

案例：我会打好这份工

2007年中国香港特首曾荫权进京接受任命时，当时的国家总理温家宝语重心长地告诉曾荫权"死而后已"。第二天，胡锦涛主席接见曾荫权，大家都想知道昨天才明白特首之任须"死而后已"的曾荫权会说什么，不料他一开口就向主席报告："我会打好这份工。"

香港人都乐了，开始喜欢上这个不喊口号注重实际的新特首。曾荫权上任后表现出来的是对中国香港的真心负责，以及对自己职责的真心承担，他与董建华先生的人脉相比差很远，但他更主动地到北京积极拜访跟香港有关系的部委。

"我会打好这份工。"这句话，是曾荫权先生当选第三届行政长官时面对广大香港市民说的。很平凡，很普通，平凡、普通得甚至有人说"土"。但是，这句话得到了香港人的广泛的认同，甚至作为一种公用语言，流行于大街小巷。

思维方式：

失去的是自由，收获的是责任；失去的是安逸，收获的是财富

零部件只能被安装在机器上，但它是带领人类走进工业时代的一员；基因只能蜷曲在肉眼看不到的微小角落，但是它主导着从猿猴到人的生命进化过程——每个人也只有在束缚于枷锁之中，才会创造出财富，实现自身价值。

案例："这是你的工作！"

美国独立企业联盟主席杰克·法里斯曾讲过他少年时的一段经历。在杰克·法里斯13岁时，他开始在他父母的加油站工作。那个加油站里有三个加油泵、两条修车地沟和一间打蜡房。法里斯想学修车，但他父母让他在前台接待顾客。当有汽车开进来时，法里斯必须

在车子停稳前就站到司机门前，然后忙着去检查油量、蓄电池、传动带、胶皮管和水箱。法里斯注意到，如果他干得好的话，顾客大多还会再来。于是，法里斯总是多干一些，帮助顾客擦去车身、挡风玻璃和车灯上的污渍。

有段时间，每个星期都有一位老太太开着她的车来清洗和打蜡。这个车内地板凹陷极深，很难打扫。而且，这位老太太极难打交道，每次当法里斯打扫完毕时，她都要再仔细检查一遍，让法里斯重新打扫，直到清除掉每一缕棉绒和灰尘她才满意。终于，有一次，法里斯实在忍受不了了，他不愿意再侍候她了。法里斯回忆道，他的父亲告诫他说："孩子，记住，这是你的工作！不管顾客说什么或做什么，你都要记住做好你的工作，并以应有的礼貌去对待顾客。"

父亲的话让法里斯深受震动，法里斯说道："正是在加油站的工作使我学到了严格的职业道德和应该如何对待顾客。这些东西在我以后的职业经历中起到了非常重要的作用。"

工作和责任有时会像一副枷锁，让你需要为它付出一定的自由，然而法里斯在枷锁中，收获了职业道德，收获了客户价值的理念，也为职业生涯奠定了基础。这是多么巨大的一笔财富。

阿甘法则

■服从个人是奴性，服从规则是美德

我们在中国相互的称呼中，总要在人的姓名后面加上职位，或者是辈分。

而在西方国家，无论是谁，直呼其名是那么自然和亲切。相信这不是因为语言不同的缘故。我们不相信在中文中，叫谁的名字有什么妨碍，真正妨碍的是我们内心深处对依附与被依附的渴求。

碰到比我们强的人，我们就通过依赖把责任交给他们。因为我们在困难的时候，能人帮助了我们；那么在能人犯错误的时候，我们或者因为信任而盲从，或者因为欠他的而跟从，这便是奴性。

反过来，我们制定了规则，比如交通规则，不管有没有警察，我们都应当服从。

服从规则有两个好处：一个是可以预测别人的行为，因为有规则，我们可以明确预测其他人在同样情况下的行为，这样我们就会心里安定；另一个是可以获得个人自由，因为有明确的规则，这就使我们每个人在规则之内，获得了完全的自由。

能够预测别人的行为，我们就获得了合作的基础；能够获得规则保护的自由，我们就获得了自主与独立。规则并不是冷冰冰的条款，规则背后是另一种情感——"君子之交淡若水，小人之交甘若醴"，描述的就是这种规则与反规则情感。

情感：

喜欢规则，反感鬼神

如果你喜欢上规则，成功就会爱上你。因为每个人的成功，从根本上讲，都是对自然法则和价值公理的遵守过程。

案例：财富属于谁？

当出身于奥地利富豪之家的维特根斯坦把全部财产转赠给富有的姐姐时，我们有多少人能够真正理解这位伟大哲学家的行为呢？

让我们看看他自己的解释：第一，他觉得继承巨大财富会妨碍他的思考；第二，他觉得把如此巨大的财富赠给穷人会使他们堕落。在我们看来，这两个解释包含着同样的精神，那就是：没有对规则的遵守，不经努力而得到的"幸福"是不值得去占有的。因为钱不会让人学会思考，钱也不会让人学会如何致富。

他过着极其简朴的、几乎是苦行僧式的生活，这背后是对一个人可以成功的公理的遵守。

行动：

挑战个人，服从规则，只敬天地，不敬鬼神

案例1：要么真唱，要么离开

李宇春为什么能够成为年青一代的偶像？她凭什么可以登上《时代》杂志的封面，被评为"亚洲英雄"？

看一看她是怎样面对规则的。李宇春说："2008年年底参加一个颁奖礼，对方要求我假唱，我拒绝了。我说要么真唱，要么我离开，歌手可以忘词，可以唱错音，但不能连真唱的勇气都失去。"她坚决不屈从于任何人，敢于挑战媒体，勇于承担忘词、唱错音的风险，响应规则的呼唤。

不敬鬼神，只敬天地，凡事用规则说话。

案例 2：星巴克的 21 秒

据说有一次星巴克的掌门人霍华德·舒尔茨去一家星巴克喝咖啡，正好接近打烊时分，他要了一杯意式浓缩咖啡，结果那个员工没有按标准时间（21 秒左右）煮咖啡。舒尔茨很生气，问他为什么。员工回答说马上要打烊了。

舒尔茨就反问他星巴克哪一条规章上写了要打烊的时候咖啡就可以煮得马虎一些？是否按照标准时间提供咖啡，与是不是要打烊毫无关系。

规则是 21 秒，就是 21 秒。面对规则能做的，只有一件事，那就是无条件地遵从它。

思维方式：

服从个人是奴性，服从规则是美德

神一般伟大的规律性，就是"神性"。柏拉图说过："若神不在，一切皆无。"当我们讲"神性"的时候，无非是在说，这个社会存在着一些不言自明的原则，存在着万物均不可违背的规律。

案例：愚蠢的柏拉图

有这么一个故事，据说，在开学第一天，苏格拉底对他的学生们说："今天咱们只做一件事，每个人尽量把胳膊往前甩。"说着，他做了一遍示范，"从今天开始，每天做300下，大家能做到吗？"学生们都笑了，这么简单的事，谁做不到？可是一年之后，苏格拉底再问的时候，全班只有一个学生坚持下来。这个人就是后来的大哲学家柏拉图。

做不做不依赖于老师苏格拉底监不监督，如果只有在别人的监督下才去做一件事，那是一种奴性。做不做，对与错，不是由人来决定的，而是由规则决定的。服从个人是奴性，服从规则是美德。